使人开心的幽默故事

徐先玲 编著

中国商业出版社

图书在版编目（CIP）数据

使人开心的幽默故事 / 徐先玲编著 .—北京：中国商业出版社，2017.10
ISBN 978-7-5208-0052-5

Ⅰ.①使… Ⅱ.①徐… Ⅲ.①故事—作品集—世界 Ⅳ.① I14

中国版本图书馆 CIP 数据核字 (2017) 第 233043 号

责任编辑：唐伟荣

中国商业出版社出版发行
010-63180647　www.c-cbook.com
（100053　北京广安门内报国寺 1 号）
新华书店经销
三河市同力彩印有限公司印刷
*
710×1000 毫米　16 开　12 印张　195 千字
2018 年 1 月第 1 版　2018 年 1 月第 1 次印刷
定价：35.00 元
* * *
（如有印装质量问题可更换）

目录

第一章 笑谈名人轶事 / 1

1. 巨人与侏儒 / 2
2. 作家选择的决斗武器 / 3
3. 来不及考虑 / 4
4. 陪同 / 4
5. 最大的乐事 / 5
6. 别挡住了我的阳光 / 5
7. 学习的动力 / 6
8. 失盗以后 / 7
9. 万能的复信 / 7
10. 人与箱 / 8
11. 悄悄地收了"参观费" / 9
12. 不敢不乐 / 9
13. 青蛙见证人 / 10
14. 丑角双薪 / 10
15. 自嘲 / 11
16. 音乐和感冒 / 12
17. 巴尔扎克与小偷 / 12
18. 幸福的秘诀 / 13
19. 给踢人的驴子一脚 / 14
20. 我也一直站着 / 14
21. 宽大为怀 / 15
22. 无需再锦上添花 / 15
23. 明智的选择 / 16
24. 留声机和助听器 / 17
25. 总统的衣服 / 17
26. 终于兑现了 / 18
27. 金口难开 / 19
28. 反对到底 / 19
29. 乞丐也应有休假的权利 / 20
30. 真实 / 21
31. 专业语言 / 21
32. 以一生报答 / 22
33. 换只手表 / 23
34. 叫虫 / 23
35. 烤酥饼的悬念 / 24
36. 慈善事业 / 25
37. 高雅的宫殿何人去 / 25
38. 文章简洁的秘诀 / 26
39. 来不及了 / 27
40. 用得着吗 / 27
41. 收藏在柜子里的工作人员 / 28
42. 遵守诺言 / 29
43. "医嘱" / 29
44. 富翁和服务生的差别 / 30
45. 只选其一 / 31
46. 实验的结果 / 31
47. 随您的便 / 32
48. 变味的鸡蛋 / 32
49. 爱因斯坦和卓别林 / 33
50. 凡·高的耳朵 / 34
51. 让人左右不是 / 34
52. 问梅树 / 35

53. 一句话演讲 / 36
54. 音乐家和马车夫 / 36
55. 耳聋的优越性 / 37
56. 投稿 / 38
57. 忘却 / 38
58. 艺术品和人 / 39
59. 第一卓别林 / 39
60. 使水沸腾的人 / 40
61. 竖鸡蛋 / 41
62. 怎样写交响乐 / 42

第二章　笑谈人生智慧 / 43

1. 恍惚 / 44
2. 不容重犯 / 44
3. 别胡说 / 45
4. 墙上画门 / 45
5. 借牛 / 46
6. 绿灯时我们总是第一个 / 46
7. 逮野鸭 / 47
8. 蝙蝠的问题 / 47
9. 从天而降 / 48
10. 绝妙的提问 / 48
11. 拔牙趣话 / 49
12. 错位思考 / 49
13. 横看成岭侧成峰 / 50
14. 猪、绵羊、乳牛 / 51

15. 当做新的 / 51
16. 设身处地 / 52
17. 回报 / 52
18. 简单的问题 / 53
19. 岸边对话 / 53
20. 医生与病人 / 54
21. 万一他们把你放回去 / 54
22. 连锁反应 / 55
23. 梦和现实 / 55
24. 事实验证 / 56
25. 贪得可怕 / 57
26. 大难临头时 / 57
27. 母亲的烦恼 / 58
28. 动工 / 58
29. 烦透了 / 59
30. 需要 / 59
31. 青蛙的命运 / 60
32. 她是我妈 / 60
33. 三根头发 / 61
34. 我就不信 / 62
35. 求你别写 / 62
36. 出主意 / 63
37. "似我"匾 / 64
38. 白挨打 / 64
39. 事不关己 / 65
40. 车轮 / 65
41. 路边的风景 / 66

42. 零比零 / 66
43. 先知 / 67
44. 公鸡不识路 / 67
45. 重要的提示 / 68
46. 卢浮宫 / 69
47. 假牙 / 69
48. 看戏 / 70
49. 不争议的智慧 / 70
50. 最吃惊的 / 71
51. 半夜的声音 / 72
52. 咨询 / 72
53. 左手与右手 / 73
54. 不必大惊小怪 / 73
55. 糟糕的画家 / 74
56. 辨别 / 74
57. 节省措施 / 75
58. 书架 / 75
59. 黑色的羊 / 76
60. 下雨的概率 / 76
61. 钢琴的牙齿 / 77
62. 离题 / 77

第三章 笑谈生活 / 79

1. 幸福 / 80
2. 作伪证的结果 / 80
3. 决不受礼 / 81

4. 呆在家里干吗 / 81
5. 你也如此 / 82
6. 后悔 / 82
7. 狼和羊 / 83
8. 延长时间 / 83
9. 狗和倒影 / 84
10. 狐狸吃葡萄 / 84
11. 近视 / 85
12. 屡试不爽 / 85
13. 省钱 / 86
14. 谁的信 / 87
15. 因小失大 / 87
16. 早已料到 / 88
17. 还没说完 / 88
18. 稀罕 / 89
19. 一块肥皂 / 90
20. 睡不着 / 90
21. 指纹在脸上 / 91
22. 判断 / 91
23. 求情 / 92
24. 懒人 / 92
25. 困难的处罚 / 93
26. 遇到强盗后 / 94
27. 还是步行好 / 94
28. 出国理由 / 95
29. 诚实的贼 / 95
30. 吓唬贼的 / 96

31. 五年的时间 / 96

32. 好学不倦 / 97

33. 心安理得 / 97

34. 顾此失彼 / 98

35. 旁敲侧击 / 98

36. 安全带 / 99

37. 孩子的逻辑 / 99

38. 猪 / 100

39. 淡而无味 / 100

40. 观画 / 101

41. 金眼睛 / 101

42. 歪打正着 / 102

43. 毅力 / 102

44. 等我们睡着 / 103

45. 不在视线之中 / 103

46. 猴子吃豆子 / 104

47. 猴子砍尾巴 / 104

48. 勇气 / 105

49. 谁的脚多 / 106

50. 难分伯仲 / 106

51. 左右为难 / 107

52. 针 / 107

53. 出风头 / 108

54. 爸爸 / 108

55. 起身上班 / 109

56. 装修钱的来源 / 110

57. 应变 / 110

58. 计算机 / 111

59. 奖金 / 111

60. 会讲英语 / 112

61. 传令 / 112

62. 汤不烫 / 113

63. 稀物 / 114

第四章　笑谈快乐心灵 / 115

1. 坐在钢琴前行吗 / 116

2. 避雷针与婴儿 / 116

3. 我就没说话 / 117

4. 选择 / 117

5. 完美 / 118

6. 放手吧 / 119

7. 快乐的人没有鞋子 / 119

8. 应该称什么 / 120

9. 不必紧张 / 120

10. 自我消解 / 121

11. 园丁的故事 / 122

12. 难以入睡 / 122

13. 重大损失 / 123

14. 如此凑巧 / 124

15. 水蜜桃 / 124

16. 糊涂教授 / 125

17. 怨气难消 / 125

18. 人生的幸福 / 126

19. 都想当议员 / 126
20. 后到先买 / 127
21. 会吠的狗不咬人 / 128
22. 幸好不是 / 128
23. 不钓大鱼的钓客 / 129
24. 找钱包 / 129
25. 可以选择 / 130
26. 祝词 / 131
27. 替补猴子 / 131
28. 两全其美 / 132
29. 得与失 / 133
30. 等一分钟吧 / 133
31. 过河 / 134
32. 掉头发 / 134
33. 运气真好 / 135
34. 老天无眼 / 136
35. 该谁睡不着 / 136
36. 下棋 / 137
37. 奋斗不息 / 137
38. 答复 / 138
39. 不便直说 / 139
40. 果断回答 / 139
41. 军训趣事 / 140
42. 过去的好时光 / 140
43. 忙中出错 / 141
44. 误会 / 142
45. 得来不易 / 142

46. 顺序有误 / 143
47. 责怪 / 143
48. IBM 和波音 777 / 144
49. 确认身份 / 144
50. 不划算 / 145
51. 新兵跳伞 / 145
52. 如此送站的两个傻瓜 / 146
53. 英雄气短 / 146
54. 你叫什么名字 / 147
55. 广告 / 147
56. 回家之路 / 148
57. 报警 / 148
58. 可怜的老先生 / 149
59. 马、鹿与人 / 150

第五章　笑谈人性的弱点 / 151

1. 炫耀 / 152
2. 失去与相信 / 152
3. 真理 / 153
4. 成功的秘诀 / 153
5. 卖伞者 / 154
6. 家里也不安全 / 154
7. 了解自己 / 155
8. 钓鱼 / 156
9. 成功的公式 / 156
10. 看质量 / 157

11. 孙女的疑问 / 157

12. 药片 / 158

13. 初次登台 / 158

14. 安静的方法 / 159

15. 数到 100 再说 / 160

16. 多此一举 / 160

17. 谁是总统 / 161

18. 好心不得好报 / 161

19. 非车不可 / 162

20. 胆小的狩猎者 / 162

21. 忍耐 / 163

22. 考古与外交 / 163

23. 毕业考试 / 164

24. 谁打破了碗 / 164

25. 我的钱 / 165

26. 如释重负 / 166

27. 提琴不喝茶 / 166

28. 扎猛子 / 167

29. 请假 / 167

30. 公鸡 / 168

31. 大夫的难题 / 168

32. 探视 / 169

33. 羊和鸽子 / 170

34. 听大夫的 / 170

35. 正路 / 171

36. 取名 / 172

37. 小足球迷 / 172

38. 老天爷 / 173

39. 剪报做啥用 / 174

40. 高招 / 175

41. 担心 / 175

42. 转向 / 176

43. 救火 / 176

44. 弹不了的曲子 / 177

45. 我有急事 / 178

46. 不得了 / 178

47. 发明 / 179

48. 新泽西的猎人 / 180

49. 铅笔和圆珠笔 / 180

50. 卖东西 / 181

51. 随机应变 / 182

52. 愚人买鞋 / 182

53. 证据不足 / 183

第一章

笑谈名人轶事

使人开心的 幽默故事

1. 巨人与侏儒

曾长期担任伦敦威斯敏斯特公学校长的理查德·巴斯比（1606—1695），有一个装满智慧的大脑，可惜的是他个子太矮小。一次，他走进一家咖啡馆，人很多，也很挤。正当他往里挤时，忽听后面有人叫道："喂，'巨人'，可以把我带到座位上去吗？"说这话的是一位身材高大的男爵，此人以肤浅、放荡出名。

"呵，'侏儒'，当然可以。"巴斯比应答道。

那位男爵忙上前解释说："请原谅，我不是在取笑你的身材，我是指你的才智。""我也不是指你的身材。"巴斯比回答说。

知识链接

在人身上，有很多东西是不可改变的，比如出身、身高、相貌等等。但是，有很多东西又是可以改变的，比如学识、品质、习惯等等。关注哪些方面，决定着一个人的品位和档次。

2. 作家选择的决斗武器

乔治·库特林，法国知名的剧作家和幽默作家。有一次，一位自命不凡的年轻作者想一鸣惊人，便写信给库特林，借三个微不足道的理由向他提出决斗。但这封信实在上不了桌面：字迹潦草，甚至有许多字拼写错误。

库特林很快给他写了回信："亲爱的先生，因为我是伤害你的一方，该由我来选择决斗武器。我要用'正字法'来决斗。在接到这封信之前你就已经失败了。"

知识链接

是否能够做好一件事情是一回事，态度是否端正又是另外一回事。如果态度不端正，还没有开始就已经失败了。

3. 来不及考虑

爱迪生75岁时仍到实验室上班。有个记者问他:"爱迪生先生,你打算什么时候退休呢?"爱迪生装出一副十分为难的样子,说:"糟糕,这个问题我活到现在还没来得及考虑呢!"

知识链接

有的人活着,每天都在思考着各种大问题,吃、穿、住、行等问题从来就没有进入过他们的视野。可以说,对个人问题和物质问题投入精力越少的人,越是纯粹的人,他们距离动物性就越远。

4. 陪同

1962年,肯尼迪一家访问法国。杰奎琳(肯尼迪夫人)能说一口流利的法语,法国人民和戴高乐总统对她颇有好感。在巴黎的最后一天,肯尼迪在夏乐宫召开的记者招待会上对记者们说:"我觉得向在座的各位作一下自我介绍并无不当之处。本人是陪同杰奎琳·肯尼迪到巴黎来的男士,为此,我感到很荣幸。"

> **知识链接**
>
> 你是否也曾因为失去了风光的机会而大感不悦？你是否也曾因为被自己的妻子抢了风头而醋味大发？看看肯尼迪总统吧！老子说："不以为大，而终能成其大。"肯尼迪的大度和幽默最终成就了自身永久的魅力。

5. 最大的乐事

英国天文学家约翰·杰尔舍利临终的时候，神父坐在他的床头，喋喋不休地对他大谈天国之乐。"对我来说，人生最大的幸福，"杰尔舍利打断了神父的话，"莫过于能看到月球的背面了。"

> **知识链接**
>
> 燕雀焉知鸿鹄之志哉！对一个把终生都献给伟大事业而洞察生死的人，除了仰视，你还能做些什么。

6. 别挡住了我的阳光

哲学家第欧根尼——这位银行家的儿子放弃了万贯家产，栖身于一只大木桶中晒太阳、捉虱子、思考哲学问题。马其顿国王亚历山大大帝来到科林特市时，拜访了这位哲学家，并且对他说："第欧根尼先生，只要你告诉我你需要什么，我会马上赐给你。"第欧根尼听罢,躺在木桶里抬了抬眼皮,说:"那就请你站到旁边,别挡住了我的阳光。"亚历山大对身边的人说:"如果有来生的话,我愿意做第欧根尼。"

知识链接

生活就是这样简单。人们应当善待生命,用大量的时间做自己喜欢的有价值的事情。

7. 学习的动力

被称为"几何学之父"的古希腊数学家欧几里得(约公元前330—前275)对他的学生们循循善诱,不厌其烦;然而,当学生对学习产生动摇时,他也会用辛辣的讽刺来鞭挞他们。一天,欧几里得在课堂上给学生讲解几何第一定理,讲着讲着,他发现一个学生在底下坐不住,一会儿和旁边的学生说说话,一会儿又在桌下做小动作。欧几里得有意停顿了一下,用目光示意这位学生注意听讲,没想到这位学生却突然站了起来,问道:"请问先生,学习几何究竟有什么实际好处?"欧几里得听罢,沉默了一会儿,转身吩咐一旁的佣人:"拿一点儿钱来给这位先生,看来,没有钱他是不肯学习的。"

知识链接

真正的学习和钻研是没有功利的。只有在没有任何功利的心态下，才能享受到学习的乐趣，学到真正的东西，也只有享受到学习的乐趣，才会有学习的持久动力。

8. 失盗以后

富兰克林·罗斯福（曾任美国第32任总统）家中失盗，被偷去很多东西，他的朋友写信安慰他。罗斯福给朋友写了一封回信："亲爱的朋友，谢谢你来信安慰我，我现在很平安，感谢上帝。因为：第一，贼偷去的不是我的生命；第二，贼只偷去我部分东西，而不是全部；第三，最值得庆幸的是，做贼的是他，而不是我。"

知识链接

重要的不是情况糟糕不糟糕，而是你的心态和看事物的眼光好不好。有时有点阿Q精神，就会海阔天空。

9. 万能的复信

弗兰西斯·克里克是英国著名的生物学家。他成名后，每天有大量的人来访和来信，使他应接不暇，无法工作。后来，他终于想出了一个方法，设计印制了一种"万能的复信"，信上说："克里克博士对来函表示感谢。但十分遗憾，他不能应您的盛情邀请而给您签名；赴宴作讲演；参加会议；赠送相片；充当证人；担任主席；为您治病；为您的事业效劳；充当编辑；接受采访；阅读您的文稿；写一本书；发表广播讲话；作一次报告；接受名誉地位；在电视中露面……"对方的来信提出什么要求，他就在相应的地方做记号答复。很快，他就从难于应付的困境中解放出来了。

知识链接

一个献身于某一事业的人对随之而来的名利金钱根本毫无兴趣。

10. 人与箱

苏联著名儿童文学作家盖达尔旅行时，有个小学生认出是他，抢着替他提皮箱。皮箱的确太破旧了。学生说："先生是'大名鼎鼎'的，为什么用的皮箱却是'随随便便'的？"

盖达尔说："这样难道不好吗？如果皮箱是'大名鼎鼎'的，我却是'随随便便'的，那岂不更糟？！"

知识链接

淡泊物欲，保持简朴是智者的生活方式，也是他们获得快乐的原因。

11. 悄悄地收了"参观费"

爱迪生有幢避暑的别墅，他为此而感到非常自豪，喜欢陪同来访者到这里参观，向他们介绍室内各种各样的节省劳力的设备。其中有一个地方，来访者必须经过一个绕杆才能走过去，而转动绕杆要费很大力气。一位客人问爱迪生，为什么周围都是些新的发明，而这里却摆了个这么笨重的绕杆。爱迪生回答说："喔，你瞧，每个把绕杆转过来的人都往我屋顶上的水箱里抽入了8加仑的水。"

知识链接

千万不要把你的动机表现得太明显，你越想要的东西越容易失去，还不如保持一颗平常心，你会在欢声笑语中达到自己的目的。"执者失之，为者败之"，古人告诉我们的正是这个道理。

12. 不敢不乐

明代有一个孝廉名叫陈琼，性情洒脱。他曾在一个叫二里冈的地方建了一所别墅。这地方在城的北面，别墅前后密密麻麻排满了坟墓。有人到他的别墅拜访后说："眼睛中每天看的是这些东西，心情肯定不快乐。"

而他却笑道:"不,每天都看这些东西,就使人不敢不快乐!"

知识链接

你是否快乐,并不取决于外在事物,而是取决于你看待外在事物的心态。

13. 青蛙见证人

俄国生理学家伊凡·谢切诺夫通过对青蛙的解剖实验,于1863年发表了关于《蛙脑对脊髓神经的抑制》等论文,同时出版了《脑的反射》一书,为神经生物学作出了很大的贡献。但是,沙俄政府竟以莫须有的罪名,把谢切诺夫逮捕了。

审讯时,法官说:"被告,您可以为自己找个辩护人。"

伊凡·谢切诺夫回答:"让青蛙做我的证人吧。"

知识链接

欲加之罪,何患无辞。

14. 丑角双薪

有一次,一个很傲慢的观众在演出的幕间休息时,走到俄国著名的马戏丑角杜罗夫身边讥讽地问道:"丑角先生,观众对您非常欢迎吧?"

"还好。"

"是不是想在马戏班中受欢迎,丑角就必须具有一张愚蠢而丑怪的脸蛋呢?"

"确是如此,"杜罗夫说,"如果我能生一张您那样的脸蛋儿的话,我准能拿到双薪!"

知识链接

真正的丑不是指相貌丑陋,也不是因为扮演丑角,而是一种不健康的心态。

15. 自嘲

富兰克林想做一个实验:用电流电死一只火鸡。不料接通电源后,电流竟通过了他自己的身躯,将他击昏过去。醒来后,富兰克林说:"好家伙,我本想弄死一只火鸡,结果却差点电死一个傻瓜。"

知识链接

乐观是一种能力,能够在任何环境中都保持一颗快乐的心,可以更有把握地走近成功。

使人开心的**幽默故事**

16. 音乐和感冒

俄国作家赫尔岑（1812—1870）在一次宴会上被轻佻的音乐弄得非常厌烦，便用手捂住耳朵。

主人解释说："对不起，演奏的都是流行乐曲。"

赫尔岑反问道："流行乐曲就一定高尚吗？"

主人听了很吃惊："不高尚的东西怎么能流行呢？"

赫尔岑笑了："那么，流行性感冒也是高尚的了！"

说罢，他头也不回地走了。

知识链接

满足人的欲望的东西都能流行，而人的欲望有好有坏，所以，追逐流行的人未必就能得到好的东西。

17. 巴尔扎克与小偷

巴尔扎克一生写了无数作品，却常常手头拮据，穷困潦倒。有一天夜晚，他正在睡觉，有个小偷爬进他的房间，在他的书桌上乱摸。巴尔扎克被惊醒了，但并没有喊叫，而是悄悄地爬了起来，点亮了灯，平静地微笑着说："亲爱的，别翻了，我白天都不能在书桌上找到钱，现在天黑了，你就更别想找到啦。"

知识链接

面对生活的困窘而坚持自己圣洁的追求，并保持足够的乐观和心灵的平静，这就是伟人超越凡人之处。

18. 幸福的秘诀

西吉斯蒙德（1368—1437）于1411年任神圣罗马帝国君主。有一回，他在宫廷里大谈人生哲学，有一个大臣就问他："在这个世界上，人是这样的脆弱，而且终究不免一死，那么怎样才能获得较为持久的幸福？有没有什么秘诀？"

君主胸有成竹地回答："当然有，那就是只要在健康时把那些生病时只好允许别人去干的事都干掉，就会获得持久的幸福。"

知识链接

幸福是缺憾的满足，如果你不断为自己制造缺憾，又不断地满足这些缺憾，那么，你就获得了持久的幸福。

使人开心的 幽默故事

19. 给踢人的驴子一脚

　　希腊大哲学家苏格拉底,有一天和一位朋友在雅典城里散步,忽然有位愤世嫉俗的人用棍子打了他一下就跑了。他的朋友看见,立刻回头要找那人算账,但苏格拉底阻止了他。朋友奇怪地问:"难道你怕这个人吗?"苏格拉底笑着说:"老朋友,你糊涂了,难道一头驴子踢你一脚,你也要还它一脚吗?"

知识链接

　　和愚蠢的人较量就会变得更愚蠢,真正快乐的人是超脱于日常生活之上的,他绝不会睚眦必报。笑看世间万物风云,你会变得大智大勇。

20. 我也一直站着

　　这天,柯立芝正埋头办公,忽然一位崇拜柯立芝的夫人闯了进来,对他前一天的演讲表示祝贺并说:"那天大厅里人山人海,我根本无法找到一个座位,一直站着听完了您的全部演讲。"
　　这位夫人用了带委屈的口气说了这话,显然想以此换得几句安慰话。不料,柯立芝冷漠地说:"并不是你一个人受累,那天我也一直站着。"

知识链接

当我们觉得被别人或生活亏待的时候，往往顾影自怜，但是，当我们勇敢地抬起头的瞬间，就一定会发现阳光下大家一样真实的影子——顿觉豁然开朗！

21. 宽大为怀

毕加索对冒充他的作品的假画毫不在乎，从不追究，看到有伪造他的画时，最多只把伪造的签名涂掉。

"我为什么要小题大作呢？"毕加索说，"作假画的人不是穷画家就是老朋友。我是西班牙人，不能和老朋友为难，而且那些鉴定真迹的专家也要吃饭，而我也没吃什么亏。"

知识链接

君子坦荡荡。宽容有的时候是对别人最大的恩惠，一个小小的不经意的或者有意的宽容就能够让人得到幸福，何乐而不为呢？

22. 无需锦上添花

英国唯心主义哲学家休谟（1711—1776）也是一位经济学家、历史学家。他晚年退休后，每年还能拿到1000英镑的退休金和印书稿费。他在爱丁堡图书馆做管理员时写的《大不列颠史》是一本重印多次的畅销书。周围的人劝他再写续集，一直写到当代。

休谟摊开两手说："你们已经给了我太多的荣誉。先生们，但我不想再写了，理由有四点：我太老了，太胖了，太懒了，太富了。"

知识链接

锦上添花固然更加美好，但有的时候维持现在的状态也许是一个更好的选择。

23. 明智的选择

1888年，美国第23届总统竞选之日，候选人本杰明·哈里森很平静地在等候最终的结果。他的主要兴趣似乎在印第安纳州。

印第安纳州的竞选结果宣布时已经是晚上11点钟，哈里森在此之前早已上床睡觉了。第二天上午，一个夜里给他打过祝贺电话的朋友问他为什么睡这么早。哈里森解释说："熬夜并不能改变结果。如果我当选，我知道我后面的路会很难走。所以不管怎么说，休息好不失为明智的选择。"

知识链接

生活中有一些事情，是你凭借自己的力量无法操纵的。

24. 留声机和助听器

爱迪生一生取得了1093种发明的专利权，其中留声机的发明使他最为得意。当有人问起，为什么不发明一种助听器时，他说："你在过去的24小时内听到的声音，有多少是非听不可的呢？"他接着又说："一个人如果必须大声喊叫，就绝对不会说谎。"

知识链接

在这个信息爆炸的社会，培养分辨真假信息的能力显得尤其重要。

25. 总统的衣服

美国第三届总统托马斯·杰斐逊在担任总统时，每天下午，他都要独自骑马到华盛顿郊区去漫游，与人民群众进行广泛接触。一天，杰斐逊碰到一个康涅狄格州人。此人见杰斐逊骑着高头大马，衣着平常，以为他是一个马贩子，便与他聊了起来。说着说着，扯到了新上任的总统。对方说："杰斐逊花钱大手大脚。他的每个指头都戴着戒指，把他的衣服卖了，换回来的钱可买

使人开心的 幽默故事

回一个种植园外加两只手表。"杰斐逊听了哈哈大笑说:"总统平时穿的衣服还没有你漂亮哩!如果你不相信,我陪你去见见他。"当他俩骑马来到白宫门厅时,仆人赶忙向杰斐逊打招呼:"总统先生!"那个同行的人一下惊得目瞪口呆。

知识链接

都说"谣言止于智者",以讹传讹的后果是人似马猴。为了避免谎言被揭穿的尴尬,生活中要做个明辨是非的人。

26. 终于兑现了

一次,好友帕特里克·马奥尼与萧伯纳夫妇谈了许多问题。当他们谈到名人的感情纠葛时,马奥尼问萧伯纳夫人:"您是怎样与您丈夫那些众多的女性爱慕者和平共处的?"

萧伯纳夫人没有直接回答,而是讲了一则轶事。她说:"在我们结婚以后不久,有一位女演员拼命追求我丈夫,她威胁说,假如见不到他,她就要自杀,她就会心碎……"

"那么,她有没有心碎而死?"

"确实如此,她死于心脏病。"萧伯纳打断了谈话插进来说,"不过那是在50年以后了。"

知识链接

追求名利和虚荣的人从来不会真正为爱情牺牲自我，即使他们说的时候信誓旦旦。

27. 金口难开

美国第13任总统约翰·卡尔文·柯立芝（1872—1933）以少言寡语出名，常被人们称作"沉默的卡尔"。艾丽斯·罗斯福·朗沃思就曾说柯立芝"看上去像从盐水里捞出来的"。由于柯立芝总统的沉默寡言，许多人便总是以和他多说话为荣耀。

在一次宴会上，坐在柯立芝身旁的一位夫人千方百计想使柯立芝和她多聊聊。她说："柯立芝先生，我和别人打了个赌：我一定能从您口中引出三个以上的字眼来。""你输了！"柯立芝说道。

知识链接

无论到哪里，请保留你的本色，因为唯有本色能给人以记忆。

28. 反对到底

富尔顿第一次公开展示他发明的蒸汽船时，没有人相信这东西动得起来。两岸群众不断鼓噪说:"动不了,动不了,绝对动不了!"没想到船一下子发动了,夹着蒸汽和鸣声向前驶去。旁观的群众张口结舌看了好一会儿后,改口说:"停不了,停不了,绝对停不了!"

知识链接

人应该坚持自己的想法和行为,有时候,旁观者更多的是看笑话的。

29. 乞丐也应有休假的权利

贝尔纳脾气不好,可心地十分善良。曾有个老乞丐摸透了贝尔纳的脾气,每天在某一时间就守在贝尔纳的门口,每次都能如愿以偿。贝尔纳实在受不了,可又无法拒绝施舍。终于有一天,贝尔纳从钱包里掏出来的不是往常的小额银币,而是一张大票面的钞票。

老乞丐惊喜得不敢相信。贝尔纳把钞票放到老乞丐的帽子里,对他说:"我明天去诺曼底,要在那儿耽搁两个月,这钱是预付给你两个月用的,你也有休假的权利。"

知识链接

人善之所以被人欺,是因为善良的人不会拒绝。

30. 真实

西班牙绘画艺术大师 P. 毕加索（1881—1973），早年用蓝色和淡红的色调画了许多表现舞台生活和街道生活的作品，后来他与乔治·布拉克合作，发展了立体派艺术——最有影响的现代绘画艺术之一。晚期他主要从事现实主义人体画创作。

有一次，在巴黎，他和一位美国士兵谈起了绘画。士兵坦率地告诉毕加索，他不喜欢现代画，因为它们不真实。毕加索听后没说什么。

几分钟后，这位士兵拿出他女朋友的照片来给毕加索看。

毕加索拿在手里故作惊讶地说："天啊，难道她就这么一点点大吗？"

知识链接

未必只有真实的东西才有意义，如果这个世界一切都那么透明的话，我们人类可能会失去很多有价值的东西，因为真的东西未必是善的，更未必是美的。

31. 专业语言

1963年2月的一天，白宫举行了盛大的授奖仪式。为表彰著名的美国航空学家冯·卡门在火箭、航天等技术上作出的巨大贡献，美国政府决定授予他国家科学奖章。当时的冯·卡门已有82岁，并患有严重的关节炎。当他气喘吁吁地登上领奖台的最后一级台阶时，踉跄了一下，差一点摔倒在地上。给他颁奖的肯尼迪总统忙跑过去扶住了他。冯·卡门对肯尼迪总统说:"谢谢总统先生,物体下跌时并不需要助推力,只有上升时才需要……"

知识链接

危难中的人最怕别人落井下石,前进中的人最需要的是"及时雨"。如果你在别人危难的时候落井下石,在别人需要帮助的时候送来"及时雨",别人都会记住你。

32. 以一生报答

英国诗人、讽刺作家理查德·萨维奇(1697—1743)在伦敦曾一度过着穷困潦倒的生活。由于缺乏食物,他病得很厉害。幸亏医生医术高明,他才得以康复。医生一次次送来催索诊费的账单,萨维奇都无法偿付。最后,医生急了,亲自来到他的家里,对他说:"你知道,你欠了我一条命。我希望你有所报答。"

"是的,"萨维奇说,"我欠你一条命。为了证明我对你的诊治不是无所报答,我将把我的一生奉献给你。"说着,萨维奇递给医生两卷书:《理查德·萨维奇的一生》。

知识链接

宽容地对待他人,你偶尔的善举可能改变一个人的一生。

33. 换只手表

乔治·华盛顿是美国的第一位总统。他有一个年轻的秘书。一天早晨，这位秘书来迟了，他发现华盛顿正在等候着，感到很内疚，便说他的表出了毛病。华盛顿平静地回答："恐怕你得换一只表，否则我就要换一位秘书了。"

知识链接

如果错了，就下决心去改正，不要给自己找任何借口，因为借口会让人觉得你没有悔过的态度。

34. 叫虫

英国科学家查尔斯·罗伯特·达尔文（1809—1882）在一位隐居乡间的朋友家做客。友人的两个孩子蓄意趁机逗弄一下这位显赫的科学家。他们捕捉了一只蝴蝶、一只蚱蜢、一只甲虫、一条蜈蚣，取下蜈蚣的躯体，撕下蝴蝶的翅膀，拔下蚱蜢的大腿，摘下甲虫的脑袋，小心翼翼地拼凑起来，黏合成一只奇形怪状、肢体异样的小昆虫。然后他们把它放在匣子里，带到达尔文的跟前。"我们在地里捉到了这个昆虫。达尔文先生，您能否告诉我们它属于哪一种类型？"达尔文看了一下，随后又向孩子们瞟了一眼，微笑地说："孩子们，你们留意了没有，在捕捉的时候，它会不会叫？""会叫的。"他们回答，彼此用臂膀打着暗语。

"既是这样，"达尔文说，"它是一个'叫'虫。"

知识链接

"知之为知之，不知为不知，是知也。"最博学的人，也不能通晓人类科学的全部知识。达尔文尚且能幽默地承认自己的"无知"，我们这些普通人又何必为知识的欠缺而感到羞愧呢？

35. 烤酥饼的悬念

以导演惊险恐怖片出名的英国导演阿尔弗雷德·希区柯克（1899—1980）认真地在看妻子做蛋奶酥饼。妻子一把酥饼放进炉子，他的两眼就直愣愣地盯着炉膛门。

"那里面在干什么呢？"每隔几分钟他就这样问一下，嗓门压得很低，好像害怕蛋奶酥饼听见会发怒似的。

酥饼香味扑鼻的时候，希区柯克太太打开炉膛门，取出一块香甜可口的烤熟了的酥饼，而希区柯克却紧张得精疲力竭。

"下次做酥饼时一定得有个装着玻璃门的炉子，好看清里面发生的一切。"希区柯克气喘吁吁地说，"我实在受不了这个悬念。"

知识链接

有时候，我们真该学习一下惊险片导演希区柯克这种敬业的精神。生活处处皆学问，正如禅家所言："担柴挑水，自有妙处。"只要你留心，日常生活会给你很多知识和启示。

36. 慈善事业

一天,萧伯纳应邀参加一个慈善团体的舞会。会上,他邀请一位身份平常的慈善团体女成员跳舞。这个女子不好意思地说:"您怎么和我这样一个平凡的人跳舞呢?"

萧伯纳回答:"这不是一件慈善事业吗?"

知识链接

如果有颗善良和慈爱的心,即使是再平凡的人,也会让人尊敬。

37. 高雅的宫殿何人去

伊萨克·巴罗(1630—1677)是英国著名的数学家,曾任剑桥大学数学教授,对几何学颇有建树。他还是一位名教士,著有大量久负盛名的布道文。他为人谦和可亲,然而却与当时的国王查理二世的宠臣罗切斯特伯爵结下了难解之仇,只要遇到一起,终免不了舌战。

据说,罗切斯特曾将巴罗教士讥为"一座发霉的神学院"。

使人开心的 幽默故事

某日,巴罗为国王作祈祷后,与罗切斯特狭路相逢。罗切斯特向巴罗深深地鞠了一躬后,语带讥讽地说:"博士,请您帮我系上鞋带。"

巴罗答道:"我请您躺到地上去,爵爷。"

"博士,我请您到地狱的中心去。"

"爵爷,我请您站在我对面。"

"博士,我请您到地狱的最深层去。"

"不敢,爵爷,这样高雅的宫殿应留给您这样有身份的人啊!"说完,巴罗耸耸肩走开了。

知识链接

唇枪舌剑也需要技巧,毫无目的的谩骂和讽刺往往不得要领,甚至会由于理智不清、情绪高涨而被对方抓住弱点和破绽。

38. 文章简洁的秘诀

海明威是美国的一位著名的作家,他的文章和作品素以精练、富有新意而著称。有一次,有个记者向他请教文章简练的秘诀,海明威直截了当地回答说:"我站着写作,而且用一只脚站着。我采取这种姿势,使我处于一种紧张状态,迫使我尽可能简短地表达我的意思。"

知识链接

人之所以能够在自己的行业超越他人,不是因为他是什么天才,而是他以坚强的意志首先超越了自己。

39. 来不及了

幽默作家班奇利，在一篇文章中谦虚地谈到他花了15年时间才发现自己没有写作才能。结果一位读者来信："你现在改行还来得及。"班奇利回信说："亲爱的，来不及了，我已无法放弃写作了，因为我太有名了。"

知识链接

人有时狂妄一下又何尝不可？适当的狂妄会让人信心倍增，尤其对那些思想火花四处迸发的人来说更是如此。

40. 用得着吗

爱迪生对于穿着很不介意。有一天，这位科学家在纽约偶然遇到一位老朋友。"爱迪生先生，"那位朋友说道，"看您身上这件大衣已经破得不像样了，您应该换一件新的。""用得着吗？在纽约没有人认识我。"爱迪生毫不在乎地答道。几年以后，爱迪生在纽约街上又碰见了那个朋友，

使人开心的幽默故事

这位大发明家还是穿着那件破大衣。"哎呀呀,爱迪生,"那位朋友惊叫起来,"您怎么还穿这件破大衣呀?这回,您无论如何要换一件新的了!""用得着吗?"爱迪生仍然毫不在乎地回答,"这儿已经是人人都认识我了。"

知识链接

很多事情不是有没有必要的问题,而是你是否关注的问题。不是全身心投入的东西,永远都会觉得没有必要。

41. 收藏在柜子里的工作人员

法国著名科学幻想小说家儒勒·凡尔纳著述丰富,仅小说就有104部,人们就传说他有一个"写作公司",公司里有不少作者和科学家,而他只不过是占有别人的劳动成果罢了。

听了这个传说,有个记者特地前去采访。凡尔纳知道他的来意后,便微笑着把他领进了工作室,指着一排排柜子对他说:"我公司的全部工作人员都在这些柜子里,请你参观一下吧!"

柜子里分门别类地放满了科技资料卡片。

知识链接

真金不怕火炼,真正付出努力得到结果的人是不需要惧怕任何怀疑和质问的。

42. 遵守诺言

　　J. 科佩（1842—1908），法国著名诗人，1884 年被选为法兰西学院院士。有一次，一位不太出名的作家的妻子跑来找科佩，请他在法兰西学院选举院士时帮她丈夫一次忙，她说："只要有你的一票，他一定会被选上的。如果他选不上，一定会去寻短见的。"科佩答应了她的要求，投了她丈夫一票，但此人并未被选上。

　　几个月后，法兰西学院又要补充一个缺额。那位太太又来找科佩，请他再鼎力相助。

　　"呵，不。"科佩回答说，"我遵守了自己的诺言，但他却没有遵守，因此，我不好再履行义务了。"

知识链接

　　别人的帮助只能助你一臂之力，但不能决定你的成败，真正决定你成败的是你付出的汗水。

43. 医嘱

　　写《名利场》的英国著名作家萨克雷（1811—1863）一生助人为乐，做好事从来不留名。

当他知道朋友有困难时，便常常用别名、假名甚至不具名汇款，给人以接济。寄钱时，他把钱装在用过的药品盒里，并附有一份"医嘱"，上面写明"服法"："每次服一粒，急时'服用'！"

知识链接

别人对你的帮助，尤其是物质上的给予，你千万不能把它当做天上掉下来的馅饼，而应该把它当做自己自力更生的跳板和资本。否则，你最终还是一无所有。

44. 富翁和服务生的差别

美国石油大王洛克菲勒经常到一家餐厅吃便餐。每次餐后，他都留下1美元给服务生当小费。

有一天，洛克菲勒又到这家餐厅用餐，餐后他还是给了服务生1美元小费。服务生忍不住说："假如我是你，就不会如此吝啬，给这么少的小费。"

洛克菲勒答道："就因为这样，你才是一个服务生。"

知识链接

很多人之所以不能致富，很大一个原因就是他们存在一种不劳而获的思维，习惯接受别人的施舍和给予，而忘记了靠自己的努力去获取成功。其实，在这个世界上，除了自己的双手和头脑，什么东西能让人依靠一辈子呢？

45. 只选其一

有人去白宫拜访第二十六届总统西奥多·罗斯福,罗斯福的小女儿艾丽丝在办公室跳进跳出,不时打断他们的谈话。那人抱怨说:"总统先生,难道你连艾丽丝都管不住吗?"罗斯福无可奈何地说:"我只能在两件事中做好一件。要么,当好合众国总统;要么,管好艾丽丝。既然我已经选择了前者,对后者就无能为力了。"

知识链接

每个人都是社会人,自然在不同的时候扮演着不同的角色,儿子、父亲、职员、老板等等,压力是不言而喻的。要想做得好,就要在扮演每个角色的时候都全力投入。

46. 实验的结果

美国政治家查尔斯·爱迪生在竞选州长时,不想利用父亲(大发明家爱迪生)的声誉来抬高自己。在作自我介绍时他这样解释说:"我不想让人认为我是在利用爱迪生的名望。我宁愿让你们知道,我只不过是我的父亲早期实验的结果之一。"

知识链接

"吃自己的饭,流自己的汗,自己的事情自己办,靠天靠地靠祖上,不算是好汉。"别人的光环无论如何光彩耀人,也无法笼罩你一生,你必须用双手摘取属于自己的桂冠。

47. 随您的便

在法国"你"与"您"是有严格区别的,只有极为要好的朋友间才能彼此以"你"相称。法国总统希拉克有一位十分要好的朋友,当这位朋友得知希拉克当选法国总统时,他很犹豫,不知该叫他"你"还是"您"。在一个私下的场合这位朋友问希拉克今后是叫他"你"还是"您"时,希拉克的回答是:"那就随您的便了。"

知识链接

横看成岭侧成峰,从不同的角度看问题会得到不同的答案,如何去看,那就全随自己的意思了。更客观地来说,看问题要全面。

48. 变味的鸡蛋

《福尔摩斯探案集》的作者阿瑟·柯南道尔(1859—1930)曾当过杂志编辑,每天要处理大量退稿。一天,他收到一封信,信上说:"您退回我的小说,但我知道您并没有把小说读完,因为我故意把几页稿纸粘在一起,您并没有把它们拆开,您这样做是很不好的。"

柯南道尔回信说:"如果您用早餐时盘子里放着一只坏鸡蛋,您大可不必把它吃完才能证明这只鸡蛋变味了。"

知识链接

有些东西,未必非要亲身体验才能验证它的好坏,否则我们还需要知识和传统做什么?

49. 爱因斯坦和卓别林

著名科学家爱因斯坦非常推崇卓别林的电影。一次,他在给卓别林的一封信中写道:"你的电影《摩登时代》,世界上的每一个人都能看懂。你一定会成为一个伟人。爱因斯坦。"

卓别林在回信中写道:"我更加钦佩你。你的相对论世界上没有几个人能弄懂,但是你已经成为一个伟人。卓别林。"

知识链接

并不是只有演员才能成为万众瞩目的人物,看看那些蜂拥报考表演的孩子,有多少人真正懂得,只有付出百分之百的努力做事情才可能成功,而投机取巧是不可能成就伟人的。

50. 凡·高的耳朵

休·特洛伊（1906—1964）是一个不惜用恶作剧来招揽观众的美国艺术家。1937年，现代艺术博物馆在美国首次举办凡·高画展。特洛伊认为凡·高的绘画并不能吸引成千上万的人来观看，而添一些耸人听闻的画家的私生活的内容倒更有吸引力。于是他剁碎牛肉做了一只人的耳朵，把它陈列在一只精制的天鹅绒的小盒子里，下面贴了一则说明：1888年12月24日，凡·高割下这只耳朵，送给他的情妇，一个法国妓女。盒子一放进陈列厅，就立即招来了许许多多的观众。

知识链接

你必须要承认：在这个世界上，大部分人都是庸俗的。你如果想成功，就必须要学会迎合这一大多数群体，无论在言语上还是在行为上。

51. 让人左右不是

美国第36任总统林登·贝恩斯·约翰逊（1908—1973），26岁时被任命为全国青年总署得克萨斯州分署署长。他在任期间对手下人十分严格，喜欢讲他们的不是。

一次，他走过一个同事的座位，看到他的办公桌上堆满了文件，就故意提高嗓门说："我希望你的思想不要像这张桌子这样乱七八糟。"这样，同办公室的人都听得一清二楚。

这位同事费了好大的劲，才在约翰逊第二次巡视办公室前把文件整理好了，并清理了桌面。约翰逊又来到办公室时，一看原来乱糟糟的桌面变得空空荡荡，于是说："我希望你的头脑不要像这张桌子这样空空荡荡的。"

知识链接

如果想成功，你的头脑每天都应该保持清醒，有条不紊地运转，既不能一片空白，也不能一团糟。

52. 问梅树

一位朋友问大仲马："你苦写了一天，第二天怎么仍有精神呢？"大仲马说："我根本没有苦写。我并不制造小说，是小说在我身内制造着它们自己。""那是怎么一回事呢？""我不知道，去问一棵梅树，它是怎样生产梅子的吧。"

知识链接

有句古话："种瓜得瓜，种豆得豆。"春耕早起，秋收满仓，是自然界的规律。但是对于不愿意付出努力的人，回报是永远让他迷惑的。

53. 一句话演讲

美国飞机发明家莱特兄弟，是一对很善于思索、又刻苦钻研的兄弟，可是他们却是一对最不善于交际的难兄难弟，他们最讨厌的就是演讲。有一次在某个盛宴上，酒过三巡，主持者便请大莱特发表演说。

"这一定是弄错了吧？"大莱特为难地说，"演说是归舍弟负责的。"

主持者转向小莱特。于是小莱特便站起来说道："谢谢诸位，家兄刚才已经演讲过了。"

就这样推来推去，人们还是不放过兄弟俩，经各界人士再三邀请，小莱特只说了这样一句话："据我所知，鸟类中会说话的只有鹦鹉，而鹦鹉是飞不高的。"

这只有一句话的演讲，博得了人们长时间的热烈鼓掌。

知识链接

越会说话的人，说话越多的人，可能就是越没有能力做实事的人。因为，人的精力是有限的，他总是挖空心思地思考如何说话，还哪有精力去做事情？

54. 音乐家和马车夫

意大利音乐家帕格尼尼雇了一辆马车赴剧院演出，眼看就要迟到了。他请车夫快点赶路。"我要付给你多少钱？"帕格尼尼问道。

"10法郎。"

"你这是开玩笑吧？"

"我想不是，今天人们去听你用一根琴弦拉琴（指帕格尼尼演奏他创作的一些G弦上的技巧艰深的乐曲），你可是每人收10法郎！"

"那好吧，"帕格尼尼说，"我付你10法郎。不过，你得用一个轮子把我载到剧院。"

知识链接

蝉眠三秋为鸣一月，台下十年台上十分。人们只看到绚丽的烟火绽放的那一瞬间，却不知道别人为此默默付出的努力。越是看起来简单的东西往往做起来越难。

55. 耳聋的优越性

美国科学家、发明家爱迪生童年时生活非常困苦，常在火车上兜售糖果、点心和报纸。有一次，在火车上卖报时，一个心毒如蛇而力大如牛的火车管理员粗暴地打坏了爱迪生的耳朵，从此，爱迪生成了聋子。

以后，爱迪生常说："我真得感谢那位先生，在这个嘈杂的世界上，是他使我清静下来，不必堵着耳朵去搞实验了。"

知识链接

"塞翁失马，焉知非福"。无需过多地在意你失去的东西，而要努力欣赏上帝为你打开的另一扇窗里的风景，也许你会获得更多的愉悦和成功。

56. 投稿

法国作家大仲马有一个朋友,他向出版社投稿经常被拒绝。这位朋友就来向大仲马求教。

大仲马的建议很简单:请一个职业抄写人把你的稿子干干净净地誊写一遍,再把题目做些修改。

> **知识链接**
>
> 不要以为,决定你是否能成功的仅仅是你的能力,有时候,导致功败垂成的往往是一些琐事和无关痛痒的小事,谁忽视这些琐事和小事,估计离失败就没有多少距离了。记住,细节决定成败!

57. 忘却

有人问苏格拉底:"苏格拉底先生,你可曾听说……""且慢,朋友,"这位哲人立即打断了他的话,"你是否确知你要告诉我的话全部都是真的?""那倒不,我只是听人说的。""原来如此,那你就不要讲给我听了,除非那是件好事。请问你讲的那件事是不是好事呢?""恰恰相反!""噢,那么也许我有知道的必要,这样也好防止贻害他人。""嗯,那倒也不是……""那么,好啦!"苏格拉底最后说道,"让我们把这件事忘却吧!人生中有那么多有价值的事情,我们没工夫去理会这既不真又不好而且又没有必要知道的事情了。"

> **知识链接**
> 人生有很多有意义的事情等着我们去做，不要把精力和时间浪费在那些虚假、无益和无聊的事情上。

58. 艺术品和人

美国油画家和版画家惠司勒（1834—1903）口才极好，未成名前，他靠替人画肖像为生。他画肖像时，从不故意画得美一些来取悦于人，而且常把别人的缺点不加修饰地画出来。

一次，他替人画完一幅肖像后，那人对着自己的像看了好久，然后很不高兴地问惠司勒："你说你能把这画称为艺术品吗？"

"你说你能把自己称为一个人吗？"惠司勒冷笑一声说。

> **知识链接**
> 所有的人都喜欢听别人对自己说好话，这也许是人性的弱点，而且还是致命的弱点。

59. 第一卓别林

卓别林以他的讽刺喜剧艺术名震影坛。模仿他的人也多起来了。某公司特别

使人开心的幽默故事

举办了一次比赛，看看谁最像卓别林，并请了一些研究卓别林的专家担任裁判。卓别林听到这个消息后，也赶来参加比赛。但是评判结果，他却屈居第二。

发奖的那一天，公司邀请卓别林前来讲话。卓别林回信说："世界上只有一个卓别林，那就是我。为难的是，应该尊重评论家的意见，我既被评为第二名，还是请第一卓别林讲话吧。"

知识链接

著名哲学家培根曾经指出过人类的"四大假象"，其中之一就是"洞穴假象"，指由于个人在环境、教育、性格、爱好等方面不同，观察事物时，往往把自己的个性、偏爱渗入到事物中而歪曲事物的真相。这类假象如同每个人位于自己的"洞穴"坐井观天，看不到事物的全貌一样，所以称为"洞穴假象"。要想走出"洞穴"，你就必须摆脱偏见。

60. 使水沸腾的人

C.H.司布真（1834—1892），英国浸信会教的负责人。他以自己的口才和文才俘获了大批的听众，也使他在20岁时就成了一名著名的传教士，当然也就免不了成为舆论中心。不过他都能淡泊处之。

一次，他又被评定他的功绩的众多争论者所包围。一位朋友开玩笑地说："我听说您又掉入了热水之中。""不止我一个人在热水中，"司布真说道，"其他的人也都在热水中，我不过是个使水沸腾的人。"

> 知识链接
>
> 一个人最难的是能清楚地明白自己，并能给自己定位，尤其是在有了一些成就之后。

61. 竖鸡蛋

有一天，意大利航海家哥伦布（约1451—1506）在一个西班牙人家里吃晚饭。有几个客人妒忌他的荣誉，千方百计地贬低他的功绩。他们说："发现美洲不是件十分困难的事，只要动动脑筋就可以办到。"

哥伦布没有回答，而是拿起一个鸡蛋，对那几个人说："你们中间谁能够使鸡蛋直立起来？"

他们每个人都试了试，但是谁也没有成功。这时，哥伦布拿起鸡蛋在盘子里轻轻地敲了几下，鸡蛋的一端破碎了，于是鸡蛋稳稳地直立在桌子上。

"这太容易啦！"大家叫了起来。

哥伦布笑着对大家说："完全正确，只要动动脑筋就可以办到。"

> 知识链接
>
> 有些事确实很简单，就看你动不动脑筋。我们当中的许多人成天在抱怨、嘲笑别人这也不行，那也不对，而当让他自己去干时，结果他什么也干不了，传统的思维已成为一种定势，让他在自缚的茧中无力自拔。当一种新生事物来临时，他除了嘲笑、怀疑之外便是无动于衷，无能为力。

62. 怎样写交响乐

有个少年问莫扎特怎样写交响乐。

莫扎特回答道:"你写交响乐还太年轻,为什么不从写叙事曲开始呢?"

少年反驳道:"可是您开始写交响乐时才10岁呀!""对。"莫扎特回答道,"可那时候我没有问过谁交响乐该怎样写。"

知识链接

因循守旧永远都不会有大的作为,真正的创造是从未知开始的。

第二章 笑谈人生智慧

使人开心的幽默故事

1. 恍惚

一人穿错靴子，一只底儿厚，一只底儿薄，走路一脚高一脚低，甚不合适。其人诧异曰："今日我的腿，因何一长一短？想是道路不平之故。"或告之曰："足下想是穿错了靴子。"忙令人回家去取。家人去了良久，空手而回，谓主人曰："不必换了，家里那两只也是一厚一薄。"

知识链接

有的时候，智慧是相互传染的，愚蠢同样如此。

2. 不容重犯

一个人在领工资时发现少了一块钱。他勃然大怒地去责问会计。会计说道："上个月多给您一块钱，您恼火了吗？"他大声答道："偶然一次过失我完全可以谅解，但我绝不能容忍这第二次的过失！"

知识链接

不得不佩服有些人具有这样的能力，再龌龊的事情他也能为之找到一个冠冕堂皇的理由。

3. 别胡说

导游：这座宫殿的兴建时间大约是在 2000 年以前。
游客：别胡说！要知道现在才是 1989 年。

知识链接

目光短浅的人所能看到的仅仅是现在，过去和未来对他们来说都是根本考虑不到的领域。

4. 墙上画门

有一家疯人院。一天，院长想看看有多少人病好了，就让护士在墙上画了扇大门。只见一个个病人都疯了一样地往墙上撞。院长很失望，忽然看见只有一个病人无动于衷。院长很是高兴，忙跑过去问他："难道你不想跟他们出去？"病人答道："这帮傻帽儿，我这儿有钥匙！"

知识链接

我们总会信奉这样一句俗语："当局者迷，旁观者清。"

5. 借牛

有个人写了一封信，派人捎给一富翁，信上说是要借牛一用。富翁正在会客，他不识字，却怕客人笑话他，就装模作样地把信看了看，对捎信的人说："知道了，告诉你们主人，一会儿我亲自过去。"

知识链接

不懂装懂，不会装会，只为一时的虚荣闹出笑话。与其这样，还不如不耻下问，让自己变得充实。

6. 绿灯时我们总是第一个

一个人搭了一辆出租车到一个不太熟悉的地方去。

一路上，他和司机有说有笑。但不知为什么，一路上连续遇到五六个红灯。眼看快到了路口，又遇到了一个红灯。这个人随口嘟哝着："真倒霉！一路都碰到红灯，就是差那么一步。"

司机转过头，露出一个很自信的笑容，说："不倒霉！上帝很公平，绿灯时我们总是第一个走！"

第二章 笑谈人生智慧

知识链接

你的人生旅途，可以看见红灯也可以看见绿灯。红灯是让我们停下来思考和欣赏的，人生旅途并不是一味地往前冲。红灯时可以驻足观赏，绿灯时可以一如既往，人生旅途，应如此面对。

7. 逮野鸭

"怎样才能逮住野鸭子呢？"

"去菜市场买一只，在家里养上半年，到时候就好逮了……"

知识链接

完成一件事情，最大的喜悦应该来自于对困难的克服。如果为追求结果而绕开难点，即使最终做到了也已失去了原来的意义。

8. 蝙蝠的问题

三个南部的牧师在一家小餐馆里吃午饭。其中的一个说道："你们知道吗，自从夏天来临，我的教堂的阁楼和顶楼就被蝙蝠骚扰，我用尽了一切办法——噪音、喷雾、猫——似乎什么都不能把它们赶走。"

另外一位说："是啊，我也是。在我的钟楼和阁楼上也有好几百只。我曾经请人把整个地方用烟熏消毒一遍，但它们还是赶不走。"

第三个牧师说："我为我那里的所有蝙蝠洗礼，让它们成为教会的一员……从此一只也没有再回来过。"

知识链接

为什么非要带着敌对的目光来打量身边的事物呢？如果你改变一下看待问题的方式，欢歌笑语就会时常伴随着你。

9. 从天而降

朋友们总在劝玛丽："你年纪不小了，该结婚了。这事你得主动些，难道你还打算坐在家里等你的丈夫从天上掉下来吗？"后来玛丽真的结婚了，和一个伞兵，他在一次跳伞训练时落在了玛丽的院子里。

知识链接

奇迹是存在的，但我们不能依靠奇迹生活。自己的幸福要自己把握，自己主动去争取，尤其是爱情。

10. 绝妙的提问

某人问医生："请问医生，我怎样才能活到100岁？"

"第一，戒酒。" "我从不喝酒。"
"第二，戒色。" "我一点也不讨女人喜欢。"
"第三，少吃肉。" "我是个素食者。"
"那么您为什么想活这么久呢？"

知识链接

一百年的痛苦不如一天的幸福。

11. 拔牙趣话

彼得：哎呀！我的牙疼死了！
汤姆：如果要是我的牙这么疼，我早就把它拔掉了。
彼得：如果要是你的牙，我也早就把它拔掉了。

知识链接

俗话说"站着说话不腰疼"。有时候，只有事情真正降临到自己头上，才会有切身的体验。

12. 错位思考

有两个妇女在聊天，其中一个问道："你儿子还好吧？"
"别提了，真是不幸啊！"这个妇人叹息道，"他实在够可怜，娶个媳妇懒

使人开心的 幽默故事

得要命,不烧饭、不扫地、不洗衣服、不带孩子,整天就是睡觉,我儿子还要端早餐到她的床上呢!"

"那女儿呢?"

"她可就好命了。"妇人满脸笑容地说,"他嫁了一个不错的丈夫,不让他做家事,全部都由先生一手包办,煮饭、洗衣、扫地、带孩子,而且每天早上还端早点到床上给她吃呢!"

知识链接

同样的状况,但是当我们从自己的角度去看时,就会产生不同的心态。

13. 横看成岭侧成峰

有两个旅游团到日本伊豆半岛旅游,路况很坏,到处都是坑洞。

其中一位导游连声抱歉,说路面简直像麻子一样。

而另一个导游却诗意盎然地对游客们说:"诸位先生,我们现在走的这条道路,正是赫赫有名的伊豆迷人酒窝大道。"

知识链接

虽是同样的情况,然而不同的意念,就会产生不同的态度。思想是何等奇妙的事,如何去想,决定权在你。

14. 猪、绵羊、乳牛

一只小猪、一只绵羊和一头乳牛，被关在同一个畜栏里。

有一次，牧人捉住小猪，猪大声号叫，猛烈地抗拒。

绵羊和乳牛讨厌它的号叫，便说："他常常捉我们，我们并不大呼小叫。"

小猪听了回答道："捉你们和捉我完全是两回事。他捉你们，只是要你们的毛和乳汁，但是捉住我，却是要我的命呢！"

知识链接

立场不同、所处环境不同的人，很难了解对方的感受。

15. 当做新的

考古家：这个瓶子已经有两千年历史了，搬运时你们要特别小心呀！

搬运工：放心好了，教授，我们会把它当做新瓶一样小心的！

知识链接

中国古代思想家孟子曾经说过"万物皆备于我"。在不同背景和教养的人的眼里，同样事物的可贵之处各个不同。

使人开心的**幽默故事**

16. 设身处地

一天，丈夫外出弄脏了白外衣，借了朋友一件黑外衣穿回家。到了家门口，看门的家犬狂吠不止，并想扑向他身上。丈夫很生气，正想拿起一根木棒打它时，妻子出来说："算了吧，别打它。"

"这条狗真可恶！"丈夫生气地说，"连我也认不出来。"

"亲爱的，你也设身处地为它想想。"妻子说，"假如有一天这条白狗跑出去，变成一条黑狗回来，你认得出来吗？"

知识链接

我们每个人在责问别人的时候，都需要先设身处地地想一想，是否自己有哪些地方做得不对。待人要宽，律己要严。

17. 回报

父亲：我打你，是因为我太爱你了。

儿子：我长大后，一定好好回报你对我的爱。

知识链接

想别人怎样对待你，就该怎样去对待别人。

18. 简单的问题

"你知道鱼为什么不会说话吗?"

"不知道。"

"这都不知道?如果把你的头摁在水里你不是同样一句话也说不出来吗?"

> **知识链接**
>
> 以己度人很容易让你自己的想法强加在别人身上。

19. 岸边对话

两个大腹便便的先生站在岸边观看,河里有一群裸泳者正在嬉戏。

"真不像话!简直伤风败俗,应该即刻要求政府明令禁止。"一个人几乎喊起来。

"看来您一定是个道德高尚的人。"另一个人说。

"不,我是游泳衣厂的老板。"

> **知识链接**
>
> 愤怒出诗人,商人的愤怒则纠缠于利益。

20. 医生与病人

医生：如果这个手术很有必要，你能付清全部手术费吗？

病人：如果我不能付清全部手术费，这个手术就没有必要吗？

知识链接

正因为每个人的出发点和立场不同，才有了利害之争。

21. 万一他们把你放回去

国王外出，阿凡提给他赶马。路上国王被强盗抓住了。

国王对阿凡提说："当我的臣民知道我在这儿受苦，他们该多么悲痛啊！"

阿凡提说："也许有朝一日他们还要更加悲痛哩！"

"你是说，万一我被这些强盗杀害了？"

"万一他们把你放回去……"

知识链接

人往往只从自己的角度出发考虑问题，而从其他人的角度来看，事情的结果往往是不一样的。

22. 连锁反应

阿明对邻居抱怨："你把你的狗扔掉好不好？它昨天晚上叫个不停，我老婆不得不停止练歌。真倒霉！""真对不起，"邻居答，"是尊夫人先叫的。"

知识链接

生活在同一个环境中，相互的影响在所难免，当你在指责别人时应该注意一下自己是否也存在过失。

23. 梦和现实

房东太太发现一个流浪汉睡在公园的长凳上。她大发善心，让他住进自己的旅馆中最好的房间。

第二天早上，流浪汉来到她的跟前致谢，并说，自己宁愿回到公园的长凳上去。房东太太问："为什么呢？这里不好些吗？"他回

答说:"我多谢你的好意。当我睡长凳时,常常梦见自己睡在暖洋洋又柔软的床上;但昨天晚上,我却梦见自己仍然睡在冰冷的长凳上,难受极了!"

知识链接

人总是以为实现梦想就是幸福,而事实上有时却并非如此。

24. 事实验证

从前在一个农村,晚上总是集合许多人在一起聊天,谈天说地。在谈论中讲到某甲,某乙说,某甲这个人的品德很高,人也很仁慈,只是很可惜也有一个坏处。"什么坏处?"有人问。某乙又说:"某甲虽是一个好人,可是脾气毛躁一点,做事也很鲁莽。"

刚好这时某甲从这里经过,听到有人这样批评他,便冲进门来暴跳如雷地说:"我什么时候毛躁?"于是举手就打某乙。旁人说:"你怎么可以打人呢?""我怎么不可以,他说我脾气毛躁,做事鲁莽,我什么时候毛躁和鲁莽?你们说!"众人说:"你现在发脾气不是毛躁,举手打人不是鲁莽是什么?"某甲因理屈而不好意思地走了。

知识链接

人一旦太虚荣,爱争面子,必然非常介意别人对自己的看法。凡事在意的态度,便会感到别人都在注视着自己,而自己的言行举动,即刻变得不自在、不自然、不快乐了。

25. 贪得可怕

从前有个人很贫苦，生平信仰吕祖。吕洞宾为其热诚感动，便下凡来到那个人家里，一看他那么穷，很是同情，便伸出个手指点了点庭中的一块磐石，磐石即刻成了黄金。吕洞宾问那个人："你想不想要这个东西呀？"那个人回答道："不，不想。"吕洞宾高兴地说："你这个人不贪财物，很有诚意，我可以传授一些仙道给你。"那个人却急忙地说："不，不是的。我是想要你这个指头。"吕洞宾一听吓得把黄金变成磐石，拔腿就走——这个人要把我手指头给剁了，太狠了！

知识链接

人常说知足常乐，本来已经可以摆脱贫苦日子，结果因为"贪得可怕"，什么也没有得到。奉劝日常生活的人们——知足就好，适度更好！

26. 大难临头时

一次在海上旅行，威灵顿公爵乘的小船遇上了风暴，有沉没的危险。船长匆匆赶到威灵顿的包舱，说："我们就要完蛋了。"

使人开心的 幽默故事

威灵顿正想上床睡觉，便说："那好，我就用不着脱鞋了。"

知识链接

真正的乐观是"泰山崩于前而不改色"的冷静，而不是对任何事情都满不在乎的漠然。

27. 母亲的烦恼

两个妇女在交谈。

"我的女儿无论什么都不对我讲，我简直拿她毫无办法！"

"我的女儿是无论什么全都对我讲，简直让我烦死了。"

知识链接

过与不及都是人烦恼的根源。

28. 动工

医生：您的胆囊里有结石；您的腹腔里有积水；您还患有沙眼……

病人：大夫，请您再为我检查一下，看什么地方有黏土，那样我就可以动工了。

知识链接

最好的幽默是一种对生活的乐观和豁达。

29. 烦透了

"我真烦透了！"上年纪的女仆对年轻的女仆发牢骚，"要知道，我整天都在被迫地重复着一句话：'是，太太！''是，太太！''是，太太！'"

"我也烦透了！"年轻女仆回答道，"我也是整天都在重复着一句话：'不，先生！''不，先生！''不，先生！'"

知识链接

每个人都有自己的烦恼。所以，不要老是羡慕别人，好像别人永远快乐，而你总是陷入烦恼的汪洋大海中不能自拔。

30. 需要

"如今，豪华的别墅你有了，漂亮的小轿车你也有了，你大概再没什么需要的了。"

"需要……"

"什么?"

"需要证明我不在失窃现场。"

知识链接

相对于车子、房子、票子等等,其实人最需要的是内心的平安。

31. 青蛙的命运

有一天,一只青蛙给牧师打电话,问自己的命运。

牧师说:"明年,有一个年轻的姑娘会来了解你。"

青蛙高兴地蹦了起来:"哦,真的吗?是在王子的婚礼上吗?"

牧师说:"不,是在她明年的生物课上。"

知识链接

过于牵强的虚幻的奢望,只会让我们更加痛苦。太多时候,自知之明会让我们获得更加切合实际的幸福。

32. 她是我妈

一天,劳森走过悉尼戏院门前,看见一位衣裳破烂的妇女摆摊卖报。她嗓子都喊嘶哑了，怀里还抱着婴儿，婴儿已经睡着了。

诗人想帮帮忙，连忙拿出钱来买她的报纸。

正在这时，又跑来一个小孩，拿着报，用嘶哑的声音喊："卖报！卖报！"

劳森望望这可怜的孩子，又望望那可怜的女人，不禁踌躇了。到底买谁的好呢？那小孩看出来了，很有礼貌地对劳森说："先生，不要紧！是一回事。她是我妈。"

知识链接

爱能激发更多的爱，爱能让人超越世俗的利益。

33. 三根头发

有一个人只有三根头发。一天，他到一家非常有名的发型设计店内准备要做个造型。

店员：请问你要设计个什么样的发型呢？

顾客：嗯……我没什么意见，你拿主意好了。

店员：那我帮你编辫子。

在编辫子的过程中不小心掉了一根头发。

店员：先生，先生，有一根头发掉了，怎么办呢？

顾客：哦，不要紧，那请你帮我梳个中分的发型好了。"

在梳头发的过程中，又掉了一根头发。

店员：先生，先生，又掉了一根头发。

顾客：那算了，我披头散发地回去好了。

使人开心的 **幽默故事**

知识链接

乐观的人的眼中，无论发生什么事情，后果都是可以接受的，并且，因为接受而心满意足。

34. 我就不信

有个穷人储存了三四坛子的米，就自以为很富有了，整天沾沾自喜。一天，他和同伴到市场上去，在路上听见一个人对另一个人说："今年我家收获的米不多，总共才300多担。"穷人对同伴说："你听他的话分明是在说谎，我就不相信他家能有这么多盛米的坛子。"

知识链接

很多人思考问题，往往以自己的眼界为限，井底之蛙看天也只有井口大。

35. 求你别写

有个人书法极差，又总是喜欢给别人写字。一天，有个人手里摇着一把白纸扇走了过来，这个人又想给人家写字，扇子的主人一见，马上跪在地上不肯起来。这个人说："不过是在扇子上写几个字而已，何必行此大礼？"扇子的主人说："我不是求你写，是求你别写！"

知识链接

人对自己要有一个正确的认识，并不是一件容易的事。若自视过高，对自己没有一个公正客观的评价，往往做出令别人反感的事来。

36. 出主意

有个姑娘要出嫁。一个人对她的父母说："女儿出嫁后，不一定就能生儿子，所以平时就应该让她从婆家多偷些衣物等藏在外面，防备着一旦生不出儿子，被婆家赶出来的时候，生活也好有个着落。"姑娘的父母觉得有理，就让女儿经常藏私房钱。婆婆发现她的行为，就说："既然做了我家的媳妇，却又生外心，这样的媳妇不能要。"就把她给休了。姑娘的父母更加钦佩那个出主意的人有远见，还把女儿被休的事告诉他，同时认为那个人对他们很忠心，对他更加好了。

知识链接

在现实生活中，总有那么一些自以为"高明"的人，搬弄是非，四处为别人出主意。若是受他们的煽动，听信妄言，注定是要吃大亏的。对于这种人，应对他说："收起你的好心，闭上你的嘴。"

37. "似我"匾

古时有个监司，为了标榜操行高尚，写了一个"似我"的匾额，悬挂在天下第二名泉惠泉旁边。过了一段时间，他有意到惠泉巡视，却不见了匾额。他特别生气，当即责令附近寺中的和尚四处寻找，结果竟在一个厕所旁边找到了，这块匾额端端正正地被人挂在那里。臭名昭著的监司羞怒得无地自容。

知识链接

有怎样的行径，自然会得到怎样的评价。有些品行不端的人，总是愿意到处标榜自己的"高尚情操"。其实，丑恶的行为是用什么都掩饰不住的。

38. 白挨打

一个人被花钱雇用，答应代替别人到官府挨杖打。在临近受刑之前，他把人家给他的钱，全数送给了执杖的衙役，求他行个方便，杖打的时候轻一点用力。挨完打后，他来到雇用他的人面前，磕头作揖道谢说："大恩人啊，多亏用了您给的钱求人行方便，不然，我早被打死了。"

知识链接

生活中总有如此头脑糊涂的人，被人愚弄还在替别人数钱，最后留给他的只有身上的累累伤痕和傻子的骂名。

39. 事不关己

有个糊涂虫欠了刘太公一大笔债。刘太公讨了几年都讨不回来，十分恼火，派伙计把糊涂虫抓来做人质。伙计把糊涂虫装进麻袋扛起来就走，走累了，就到路边的凉亭里歇脚。

糊涂虫连忙喊道："快走吧，你在这儿歇，被别家扛去，可不关我事！"

知识链接

所谓虱子多了不咬，债多了不愁。对于那些良心泯灭的惯犯而言，监狱是他们最向往的地方——免费公车运送，白吃白喝加白住。但是，代价＝失去自由＋失去尊严。

40. 车轮

"昨天，我把车开得飞快，时速竟达到120公里，以致把一只汽车轮子给甩

使人开心的 幽默故事

飞了。"

"哎呀！您没被摔伤吗？"

"没有。要知道，甩飞的是一只备用车轮。"

知识链接

生命永远没有备用，它是你人生中最后的赌注。

41. 路边的风景

在故宫博物院中，有一个太太不耐烦地对她的先生说："我说你为什么走得这么慢，原来你老是停下来看这些东西。"

知识链接

有的人只知道在人生的道路上狂奔，结果失去了观看两旁美丽花朵的机会。

42. 零比零

一场足球比赛只剩一分钟就要结束了，一位观众匆匆赶到看台。

"比分多少？"他问邻座。

"零比零。"

"太好了！一点也没耽误。"

> **知识链接**
>
> 如果看重的只是结果，对人而言，还有什么事情是曾经发生过的呢？

43. 先知

某人自称是先知。

人们问他："你是先知的标志是什么呢？"

他答："我能知道你们心里想些什么。"

"我们想什么呢？"大伙儿问。

他答道："我知道你们心里在想：他根本不是个先知，而是个十足的骗子。"

> **知识链接**
>
> 这个世界上真的可以有先知，不是因为他们对未来知道多少，而是因为他们对现有事物的洞察。

44. 公鸡不识路

朱哈提了一些鸡放在笼里，拿到集市上去卖。他背着鸡笼走了一段路，感到

很累。这时他想:"鸡笼里的鸡也许会渴死或热死的,我为什么不放开它们,赶着它们上集市呢?"

于是他打开鸡笼,把鸡放出来,鸡马上四散飞开,到处乱跑。朱哈提着一根棍子,跟在一只公鸡后面,边跑边抱怨:"你这该死的公鸡,半夜里漆黑一片,你能司晨报晓,现在大白天,你却不认识路。"

知识链接

不要因为公鸡会报晓就要求它能认路,否则就像赶鸭子上架那样不会有任何效果。

45. 重要的提示

新闻记者采访一位亿万富翁。
——是什么东西帮助您获得成功的?
——是深信钱并不起作用,重要的是工作。当我学会了用这一点提示我的部下时,我就发财了。

知识链接

善于要求别人而解脱自己,这是一些人的发家之道。

46. 卢浮宫

两个从美国德克萨斯来到巴黎的旅游者在旅馆里闲聊。

"我简直有点不好意思对你说,我来到这里已经三天了,还没看见卢浮宫。"

"我也是。"另一个人说,"或许这种糕点价格太贵,一般食品店里根本见不着。"

知识链接

不懂装懂的人希望"美化"自己,但往往是把自己更加"丑化"了。

47. 假牙

在工艺品商品店里,一名妇女在质问经理:"上个星期,你们卖给我的这个象牙盒是假的,我请人鉴定过了,它根本不是用象牙做的!""请原谅,夫人。如果真有这么回事的话,那么,在科学如此发达的今天,这也不是不可能的。我想,或许那头大象曾经成功地镶过一只假牙……"

知识链接

技术的进步，绝不能掩饰人们对真相的追求。假如技术带给我们的只是虚假，那么原始社会将成为人类的渴求。

48. 看戏

从前，有一个瞎子、一个聋子、一个跛子，三个人一块去看戏。三个人一边看戏，还一边评论戏演得好坏。瞎子说："今天的戏，唱得很好，不过行头不好。"聋子说："是你看不见，其实行头很好，可惜唱的声音太小了。"跛子接过来说："你们俩说的都不对。其实今天的戏唱得不错，行头也好，可惜就是戏台搭歪了。"

知识链接

世界只有一个，但每个人所感觉到的世界却千差万别。

49. 不争议的智慧

有一个民间故事，说两个人争论。一个说，《水浒传》里有个使板斧的好汉叫李达；另一个坚持说，叫李逵。

两人争论不休，就以20元钱为赌注，去找一位古典文学权威评定。

权威笑眯眯地看了两人一会儿,判定《水浒传》里的好汉乃是李达。于是主张李逵者输掉20元钱。

事后,"李逵派"质问权威为何如此荒唐断案。权威答道:"你不过损失了20元钱。那小子如此顽冥不化,我们就害他一辈子好了。他从此认定这好汉乃是李达,还不出一辈子丑吗?"

知识链接

有时候,对谬论的附和,恰恰是对谬论者最大的惩罚。

50. 最吃惊的

新学期开始,每个男生都要上台作自我介绍。当一位很清秀的男生作自我介绍的时候,主持人问:"请问你有没有被别人误以为是女生?""当然,"那男生不以为然,"从小学时老师就一直把我当做女生,直到有一天我一气之下剃光了自己所有的头发。""那老师们一定很吃惊吧?""嗯!不过最吃惊的不是老师,而是那位很殷勤地为我提了一年书包的男生。"

知识链接

不应只根据外表来判断与你交往的人的性质,眼睛所看见的不一定是真实的,不要因为片面的认识而做出一些愚蠢、可笑的举动。

51. 半夜的声音

有个蹩脚的歌唱家直到半夜还在声嘶力竭地练声，邻居忍无可忍，敲墙壁向他表示抗议。

歌唱家异常气愤，立马探出头朝邻居的窗户大喊："都快一点钟了，你还往墙上钉钉子，你不觉得太不是时候了吗？"

知识链接

利益之间的平衡，不仅仅需要争取，更需要克制与宽容。不要总是抱怨别人妨碍了自己，很多时候，恰恰是因为我们首先妨碍了别人。

52. 咨询

有一个律师办公室的桌上放着一块牌子，上书："回答一个问题，收100美元。"

有一位太太来咨询，看到桌上的牌子很惊讶，问道："回答一个问题真要收一百美元呀？"

律师回答："是的，请提第二个问题。"

知识链接

生活是有很多前提和规定的，我们需要用心地了解。

53. 左手与右手

法官：你为什么要用左手打人？
罪犯：因为右手是用来握手讲和的。

知识链接

顾左右而言他是一种难得的机智，可千万不要用错了地方。

54. 不必大惊小怪

某电影厂的摄制组正在拍摄一部反映古罗马的历史故事片。正在开拍中间，导演突然发现一个演员的手腕上还戴着表，于是对着话筒喊起来：
"你快把手表摘下来！"
"这有什么大惊小怪的！"演员回答，"我这块表的表盘上正好是罗马字。"

知识链接

附庸风雅终究成不了真，即使加上了堂皇的标签。

55. 糟糕的画家

画家的一位朋友来看他。

画家说:"我打算把这房间的墙壁粉刷一下,然后在墙上画些画。"

朋友劝画家:"你最好是先在墙上画画,再粉刷墙壁。"

知识链接

如果不能增添光彩,那还是不要拿出来炫耀为好。

56. 辨别

有人问:"有智慧的人和没有智慧的人差别何在?"阿里斯提卜回答说:"先把他们都脱光,然后送到陌生人中间去,你就会知道了。"

知识链接

有智慧的人在任何情况下都能应付自如,而愚蠢的人一遇到尴尬的情况便手足无措。

57. 节省措施

有人问吝啬鬼:"你在干什么呢?"
"我在学盲文。"
"干吗要学盲文呢?你的视力不行了吗?"
"那倒不是。我不过是想晚上看书时能节省点儿电。"

知识链接

节约固然是好的,但到了苛刻的程度便可能成为另一种浪费。

58. 书架

怀特:啊!你有一个多么漂亮的书架呀,可惜上面一本书也没有。
布朗:是呀,以前我倒是有很多书的。可是,为了买这个书架,我把书全卖了。

知识链接

对于形式的注重常常让人抛弃了内容本身。

59. 黑色的羊

物理学家、天文学家和数学家走在苏格兰高原上，碰巧看到一只黑色的羊。

"啊！"天文学家说道，"原来苏格兰的羊是黑色的。"

"得了吧，仅凭一次观察你可不能这么说。"物理学家道，"你只能说那只黑色的羊是在苏格兰发现的。"

"也不对。"数学家道，"由这次观察你只能说：在这一时刻，这只羊，从我们观察的角度看过去，有一侧表面上是黑色的。"

知识链接

越精确的东西，对现实生活越没有用处。

60. 下雨的概率

汤尼去参观气象站，看到许多预测天气的最新仪器。参观完毕，汤尼问站长：

"你说有75%的概率下雨时,是怎样计算出来的?"

站长没有多想便答道:"那就是说,我们这里有四个人,其中三个认为会下雨。"

知识链接

有时候,真理不过是大多数人的意见而已。

61. 钢琴的牙齿

"妈妈,你知道谁的牙根是黑色的,而牙齿是白色的?"

"不知道,娜佳。你能说说看吗?"

"钢琴。"

知识链接

生活中的许多事情是不能用常理来推测的,有的时候发散一下思维,发挥一下想象的空间,人生也许会从此不同。

62. 离题

父:孩子,我替你写的那篇作文,评上优秀奖了吗?

使人开心的 幽默故事

子：没有，老师说写得太离题了。

父：不会吧！作文题目不是《我的父亲》吗？

子：是啊，可您写的是我爷爷呀。

知识链接

　　人各有异，一成不变地搬用、套用别人的经验是不可能完全适合自己的实际情况的，根据自己的实际融会贯通，才能够不着痕迹。

第三章 笑谈生活

使人开心的 **幽默故事**

1. 幸福

法官对被告说:"你不但偷钱,还拿了表、戒指和珍珠。"

被告说:"是的,法官先生,人们不是常说光有钱并不会得到幸福嘛。"

知识链接

贪婪人的眼中,世俗的一切道理都是可行的,只不过,是一定要行在他们的世界里。

2. 作伪证的结果

一个在破产商行当秘书的女子出庭作证。

法官严厉地问:"你知道作伪证会得到什么结果吗?"

"知道,上司说给200克朗和一件水貂皮的大衣。"

知识链接

当一个人面临诱惑时,他所有的思维对象就只有诱惑本身,除此之外,均不在思索范围之内。

3. 决不受礼

某承包商因为生意上的原因,准备用一辆新型、豪华的小轿车向一位议员行贿,这位议员却板起脸说:"先生,通常的行为准则以及我本人的基本荣誉感,都不允许我接受这样的礼物!"

承包商说:"阁下,我很理解您所处的地位,这样吧,我以10美元的价格把这辆车卖给您。"

议员考虑了片刻,断然答道:"既然如此,我就买两辆。"

知识链接

欲望像是一块海绵,并不会因为你的点滴之惠而有所收敛,只要接触到水源,它的需求便会膨胀。

4. 呆在家里干吗

"今年夏天你们一家去哪儿度假了?"

"我的女儿去了瑞士,儿子去了印度,妻子去了巴黎。他们都走了,我还呆在家里干吗?他们一走我就去了监狱……"

使人开心的幽默故事

> **知识链接**
>
> 无所事事未必是好事情。

5. 你也如此

　　裁判官："你常常到法院里来，不觉得难为情吗？"
　　罪犯："但是你也天天在这里啊。"

> **知识链接**
>
> 许多人最终走上了犯罪的道路，也许只是由于他的心境。一次的满不在乎，两次的满不在乎……最终等待他的将是锒铛入狱。

6. 后悔

　　"在我的治病生涯中，我只犯过一次错误。"
　　"什么错误呢？"
　　"在我回访一个治愈的病人时，我才知道他原来是个百万富翁，看病时我怎么就没看出来呢！"

第三章 笑谈生活

知识链接

为什么不是庆幸自己被欲望少征服一次，而是相反呢？

7. 狼和羊

动物园园长陪同一显要的旅游者参观。旅游者看见在一只大铁笼里，一只狼和一只羊竟相安无事地在一起。

"真奇怪！"旅游者惊叫，"狼同羊怎么能养在一起？这种事我还从来没见过。你们是怎么驯养的？"

"这很简单，"园长回答，"我们一天要放三只羊在笼子里。"

知识链接

其实贪婪也是有一定限度的，毕竟消化也需要一个过程。

8. 延长时间

经过仔细的检查，医生告诉病人，他只能再活 6 个月。

病人听后对医生说："这么短的时间，分期付给您的医疗费，怎么能还完呢？"

"那好吧，"医生回答，"再延长 6 个月的时间，你总能清账了吧。"

使人开心的 幽默故事

> **知识链接**
> 可悲的是，有时即使是一件神圣的事情，人也是在利益的诱惑下才会全力以赴。

9. 狗和倒影

有一只狗衔着块肉，经过河上的一座小桥，这时它朝下看见了自己的倒影。它见那只狗居然也衔着块肉，而且比自己的那块大得多，十分诱人。于是它丢下自己的肉，向水中猛扑过去，想要夺那大块的肉，结果两块肉都丢了——水中的倒影消失不见了，原来的那块肉也被河水冲得无影无踪了。

> **知识链接**
> 贪欲膨胀时产生的种种幻想，蒙蔽了最初真实的心理。

10. 狐狸吃葡萄

有一只狐狸，看见围墙里有一株葡萄树，枝上结满了诱人的葡萄。狐狸垂涎欲滴，它四处寻找进口，终于发现一个小洞，可是洞太小了，它的身体无法进入。于是，它在围墙外绝食六天，饿瘦了自己，终于穿过小洞，幸福地吃上了葡萄。

可是后来它发现吃得饱饱的身体，让它无法钻到围墙外。于是，它又绝食六天，再次饿瘦了身体，终于回到围墙外。

知识链接

在诱惑面前要懂得拒绝。

11. 近视

一个近视眼看见高高的杆子上挂着一块牌子。他瞅了半天也没看清上面写的是什么内容，索性爬了上去。他一直爬到一个窗台上，靠近牌子，仔细一瞧，原来上面写的是："小心烟筒！"

知识链接

不要随便就满足自己盲目的好奇心，当你看清楚那其实是一个陷阱的时候，很可能已经晚了。

12. 屡试不爽

有一个妇人在首饰店里看到两只一模一样的手环，一个标价550元，另一个却只标价250元。

使人开心的 幽默故事

她大为欣喜,立刻买下标价250元的手环,得意洋洋地走出店门。

临出去前,她听到里面的店员悄悄对另一个店员说:"看吧,这一招屡试不爽。"

知识链接

香饵,可以轻而易举地使许多人显露出贪婪的本性,而贪婪又常常是吃亏受骗的开始。

13. 省钱

一个人等了好几辆公共汽车都因为人太多没挤上去,他不耐烦了,于是就跟在车子后面跑了起来。

妻子看到他上气不接下气的样子感到很奇怪,就问他发生了什么事。

那人说:"我在公共汽车后面跑回来的,省了两角钱。"

妻子听后马上回嘴说:"你为什么不跟在出租汽车后面跑回来呢,这样你可以节省十美元呢。"

知识链接

贪心的人会想出各种各样奇怪的理论来安慰自己的欲望心理,而且毫不知足。

14. 谁的信

　　一对夫妇下午在家门口拾到一封信，是寄给他们的，打开一看："今天我请你们看电影，算我们之间认识一周年……"后面没有署名。夫妇俩感到奇怪，晚上就拿着信封中的两张电影票去看电影了。等电影结束后回到家里，发现家中贵重物品被洗劫一空。在桌上有一封信，上写："你们知道是谁请你们看电影了吧？"

知识链接

　　对于不知道的好处要谨慎，天下没有免费的午餐。在这个充满陷阱的社会，什么时候都需要小心。

15. 因小失大

　　列车员检票时发现，一个苏格兰成人用的是儿童票，但苏格兰人坚决不肯补票。于是检票员拿起旅客的衣箱就往车外扔，此时，火车正在过桥。
　　"您疯啦！"苏格兰人狂喊，"您跟我的票过不去，又淹死了我的弟弟！"

知识链接

　　中国有句古话，"贪小便宜吃大亏"。很多时候，想想我们做的事情，都是因为有这样的思想才因小失大的。

使人开心的 **幽默故事**

16. 早已料到

吃过晚饭，吝啬鬼带着他的儿子到街上散步。走到半路上，他忽然想起家里的油灯没吹灭，于是对儿子说："糟糕，一个第纳尔白白丢了。"

他要儿子赶紧回家把油灯灭掉。可是当儿子从家里返回时，他不禁跺脚捶胸地嚷道："这次比刚才还要糟糕，你磨掉的鞋子钱也许值两个第纳尔。"

知识链接

为贪图眼前的一点利益去耗费精力反而会造成更大的损失。

17. 还没说完

塔布偷牛被抓，被反绑着手，挂着告示牌游街示众。

一个朋友正好路过，问他犯了什么罪，要捆绑着示众？

他愁眉苦脸地答道："咳，时运不佳，才落到这步田地。今天一早我在街上溜达，看到地上有条绳子，长长的，想着以后也许能派上用场，就拾了起来。他们就说我偷东西了！"

朋友抱不平起来："太不像话了！这么一点事怎么就要游街示众呢？我找他们评理去！"

塔布又说："刚才我还没说完呢，那绳子的另一端，还拴着一头牛呢。"

> **知识链接**
>
> 欲望如同绳子的一端，如果任由其拉扯，就会在不经意间一步步走向罪恶的深渊。

18. 稀罕

盼子心切的包氏夫妇喜获麟儿，他们用尽心思，要为儿子取个出众的名字，最后决定叫他"稀罕"。稀罕的童年很幸福，但他讨厌这个名字。后来长大成人、结婚生子、事业非常成功，他还是讨厌自己的名字。最后年老卧病，垂危时他央求妻子道："请你千万别把'稀罕'两个字刻在墓碑上，就叫我包氏好了。"

他死后，妻子按照他的遗愿没有把他的名字刻在碑上，可是只刻"包氏"二字好像过于简单，她想让人知道他是个多么好的丈夫，于是在"包氏"之下刻了两行小字：他结婚以后，从来未看过别的女人一眼。现在，不论谁经过他的墓前，都会说一声："稀罕！"

> **知识链接**
>
> 面对欲望和诱惑，或许很多人都会垂涎三尺，趋之若鹜。但是，物以稀为贵，我们不求稀罕的同时是不是也就等同自贱了呢？所以做人还是稀罕一点吧！你说呢？

使人开心的 幽默故事

19. 一块肥皂

一个游客对女导游说:"你带我游览维也纳的风景,对我的帮助不少,我想送点礼物给你。你最喜欢什么?"

女导游非常贪婪,但又不便明言,只好吞吞吐吐地说:"我喜欢打扮,嗯……给我一些在耳朵、手指或者脖子上用得上的东西吧。"

第二天,游客送来了礼物——一块肥皂。

知识链接

贪婪和虚伪本就是人性的魔鬼化身,当它们结合在一起,绝对不会生发小聪明,反而会为造就一个巨大的陷阱!所以,做人还是要真诚地在阳光下,轻快地迈开坚实的脚步!

20. 睡不着

"我刚才在朋友家里喝了杯浓茶。"

"你不是说喝浓茶睡不着吗?"

"可是白喝的茶不喝,回家更睡不着。"

知识链接

有些人总是不放过任何可以占便宜的机会,但这个世界上并没有真正免费的午餐。

21. 指纹在脸上

警官：你们两个人还抓不住一个罪犯，真是饭桶！

警察：长官，我们不是饭桶。虽然罪犯跑了，但我们还是想办法把他的指纹带回来了。

警官：在哪儿？

警察：在我们脸上。

> **知识链接**
>
> 其实，在为自己开脱或辩护的过程中，也正在失去改正错误、锐意进取的勇气。

22. 判断

"您的住房，看得出来，一定很窄小吧？"

"是的。您是怎么知道的？"

"我发现，您的小狗的尾巴总是上下摆，而不左右摆。"

使人开心的 **幽默故事**

> **知识链接**
>
> "环境决定论"虽有偏颇之处,但我们也没有必要非把自己置身于逆境中去磨炼自己,因为,有诱惑的地方就有风险,有风险的地方就有代价。记住,并不是所有的苦难都是我们必须去承受的。

23. 求情

有一次阿里斯提卜到国王狄奥尼修那里请求为自己的朋友办一件事,狄奥尼修没有答应,于是他便跪在狄奥尼修脚下恳求。当周围的人嘲笑他时,他回答说:"这不是我的错,而是狄奥尼修的不对,因为他的耳朵长在脚上。"

> **知识链接**
>
> 乞求是我们为获得一样东西所付出的最高代价,如果对方依然置若罔闻,我们也不必自取其辱了。

24. 懒人

一个懒人,什么也不做,日子一久生活都成问题了。邻居想了一个办法,对他说:"那你去守坟,因为没有比那更轻松的了。"可是没去多久,他又回来了,生气地对邻居说:"气死我了,我不干了。"

"为什么呢?"

"简直太不公平了,他们都躺着,只有我一个人站着。"

知识链接

懒惰是懒惰者的墓志铭。对于懒惰的人来说,他们总是能为自己的行为找到借口。

25. 困难的处罚

一个士兵从中尉身边走过,没有敬礼。中尉把士兵叫了回来,严厉地说:"你没有向我敬礼,为此你要受到处罚,罚您做100遍。"

这个当儿,将军走了过来。

"怎么回事?"他看见士兵老在敬礼,问道。

"这个不懂礼貌的家伙不向我敬礼,因此我罚他敬100次礼。"

"一点儿也不错。"将军笑着夸奖说,"不过,你不要忘记,你也得回他100次礼。"

知识链接

利益的对垒于双方的作用是相互的,并没有绝对的输赢方。你在想办法让别人受到伤害的同时,自己也会为此付出相应的代价。

使人开心的 **幽默故事**

26. 遇到强盗后

A先生与他的一个吝啬的朋友在商店里购物,突然,有两个强盗闯进来抢劫。当强盗开始挨个搜查顾客的腰包时,A突然觉得他的朋友在轻轻地捅他并悄声说:"拿着这个。"

"别给我手枪,我可不想当英雄。"

"快拿着吧,这是我欠你的25元钱。"

知识链接

吝啬之人最舍不得的不仅是钱财,常常还有责任和承担。

27. 还是步行好

阿拉尔罕买了10头驴子,当他骑在驴上数数时,发现只有9头。而当他下来步行时,所数的驴子正好是10头。骑上去数,又是9头;跳下来数,又是10头。反反复复十来次,阿拉尔罕总结道:"还是步行好!"

知识链接

愚蠢的人总是能为愚蠢找到借口,但也必然为愚蠢付出代价。

第三章 笑谈生活

28. 出国理由

某学校决定在二班选派一名同学到美国留学。班主任请大家讨论派谁去最合适。

一个学生高兴地站起来说:"老师,让我去最合适。我白天上课就想睡觉,晚上却老是睡不着——恰好中国白天时美国正好是夜里呢。"

知识链接

你也许会为终于找到了一个能使自己获取利益的借口而沾沾自喜,却不会发现那些甚至算得上是愚蠢的借口早已被周围的人洞察在心。

29. 诚实的贼

"这么说,你声明你偷食品是因为你快要饿死了。"法官说,"那么你为什么不拿吃的,却偷光了钱柜呢?"

"因为,我是一位有自尊心的人。法官先生,"被告回答说,"我总是遵循一条规则:我吃什么都要付钱。"

知识链接

当一个人即将面对法律的制裁时,往往会使出众多的借口为自己辩护,而法律却只会选择那些合法合理的理由去判定。

使人开心的 幽默故事

30. 吓唬贼的

一位年近40岁尚未出嫁的老姑娘在她新租的公寓门口竖了一个非常醒目的牌子,上书"破铁侦探所"。

一天,一个女顾客敲开了她的家门,"非常抱歉,未能事先与您约好就贸然造访。我是看到您门口的牌子来请您去调查一下我丈夫的品行的。"

"真抱歉,我也不是这一行的,那块牌子只不过是用来吓唬贼的。"老姑娘答道。

知识链接

身手再敏捷的贼面对正义与公理也会怯懦,我们打击犯罪的唯一办法是行动,而绝不是逃避。

31. 五年的时间

法官对被告说:"你怎么能证明你是无罪的呢?"

"当然,这得让我好好想一想。"

"好吧,给你五年的时间,足够了吧!"

知识链接

我们以为能逃避责任的借口,最后也只是促成我们承担责任。

32. 好学不倦

狱吏:"你昨天才出狱,怎么今天又犯法了?"

犯人:"我在狱中学的是藤编手工,还有一种手提包的织法没有学会,只好前来补习。"

知识链接

有时候沉默甚至好于无聊的借口。

33. 心安理得

奶场老板:你今天是不是往牛奶里掺水了?

新助手:是的,先生。

奶场老板:难道你不知道这是不道德的吗?

新助手:是的,先生。但您不是亲口说过……

奶场老板:我是说,你应该先准备好一桶水向里面倒牛奶,这样我们便可以心安理得地对人们说,我们可没往牛奶里掺水,明白吗?

知识链接

现实生活中的自我欺骗不外乎两种情况:逃避责任和寻求心理安慰。

使人开心的 **幽默故事**

34. 顾此失彼

某西方国家征募志愿兵的一则广告上写道:"参加伞兵吧,从飞机上跳下来还不如过马路危险。"有人在广告下面写道:"我很愿意参加,可征兵办公室在马路的对面。"

知识链接

除非你什么都不要做,否则就要担当一定的风险。

35. 旁敲侧击

小汤的母亲疼子心切,在送小汤上小学的第一天就向小汤的老师要求不能惩罚小汤。老师警告她,这样做对小孩子没帮助,只会宠坏了他。她想了一会儿后,说:"好吧,如果小汤做错了什么事,就惩罚他邻座的孩子,吓吓他好了。"

知识链接

指责和攻击别人的缺点很容易,但正视和矫正自身的不足是不是远比前者来得重要呢?毕竟自己的缺陷总要自己来承担!

36. 安全带

空姐向乘客广播:"女士们,先生们,请系好安全带,飞机马上就要起飞了。"飞机起飞后,喇叭里又传来空姐的声音:"请将安全带系紧一些。很抱歉,今天的早餐,我们忘记装上飞机了。"

> **知识链接**
>
> 真正可怕的是,我们丢掉了责任!

37. 孩子的逻辑

老师:我们学校由下学期起,转用全英文授课。

甲同学:我们会听不懂的。

老师:不要担心听不懂,学语言就是要多听,你们每天听我说英语,时间久了自然就会明白。

乙同学:可是我每天听家里的小狗叫,也不知道它在说什么呀。

> **知识链接**
>
> 生活总有极端、意外,甚至无厘头。但是,这些不能成为我们逃脱责任的借口。还是正视现实,肩负责任,老老实实地努力吧!

38. 猪

每天早晨起来，猪妈妈都要花费很长时间化妆打扮自己，将葱插进鼻孔里装大象。猪宝宝在一边说："你不如干脆制造个长鼻子得了，人老了，一点创意都没有！"

知识链接

生活是需要创意的，但是，创意应该尊重自然规律和社会规范。

39. 淡而无味

有个老书生，每次听人家谈话，总是摇摇头说："淡而无味。"
有一天，这位老书生跟一位客人谈话，问道："最近有啥新闻？"
客人回答道："昨天傍晚，一条盐船被撞破了，所载的盐都漏进河中去了。"
老先生摇摇头说："淡而无味。"

知识链接

如果我们对待生活就这么冷淡无心，不着意、不努力，则一切都是如白开水般淡而无味。

40. 观画

一位画家举办个人画展。一位贵妇人来到展室，站在一幅画前面端详了许久。她说："我要是能认识这画的作者，那有多好啊！"站在一旁的画家走过来说："夫人，我就是作者。"贵妇人说："这幅画太妙了！你能否告诉我，给画里这位小姐做裙子的裁缝是谁？"

知识链接

我们常说艺术是与平民绝缘的，因为普通人很难欣赏艺术的本身，其实，艺术的目的是给人带来享受。不一定是理解了艺术本身才有享受，因为享受的本身是没有区别的。

41. 金眼睛

宋朝忠武军节度使党进让画工为自己画像。画完后，他看了大怒，叱责画工说："前几天见你画老虎，还用金箔贴眼睛，难道我还消受不起一双金眼睛吗？"

知识链接

适合的才是最好的，在旁人眼里再好的人或物，如果不适合你，又有什么意义呢？

42. 歪打正着

汤姆在小学任教，长得人高马大、威风凛凛，只是一紧张讲话就口吃。一次监考时，他发现有一个学生在作弊，于是就气急败坏地指着那名学生吼道："你……你……你……你……你竟敢作弊，给我站起来！"语毕，有5名学生同时站了起来……

知识链接

常说"破布还有塞鼻子的作用"。可不嘛，看来我们确实应该注意生活中的一些小细节，也许它们就是你的责任和转机。

43. 毅力

乞丐对胖夫人说："尊敬的夫人，您行行好吧，我已经三天没吃一点东西了。"
胖夫人说："啊，我真羡慕你，我要是有你这样的毅力，早就苗条起来了。"

知识链接

更多的时候，那种让他人为之敬佩的选择往往是当事人没有选择余地的"选择"。

44. 等我们睡着

有两名仆人在珠宝店巡夜，突然来了一群强盗想破门而入。一名仆人高声叫道："你们先回去，等我们一会儿睡觉以后，你们再来。"

知识链接

那些不愿承担和不敢抗争的人总是选择闭着眼睛去面对生活。

45. 不在视线之中

青年时代的林肯在美国伊利诺伊州的圣加蒙加入民兵。上校指挥官是一个矮个子，身高只有四英尺多一点，而林肯的身材特别高大，大大超过指挥官。由于林肯自己觉得身材高，他习惯于垂着头、弯着腰走路。上校看见他那弯腰曲背的姿势十分生气，把他找来训斥一顿。

"听着，"上校大声喊道，"把头高高地抬起来，你这家伙！""遵命，先生。"林肯恭敬地回答。"还要再抬高点！"上校说。"是不是要我永远这个样子？"林肯问道。"当然啦，你这家伙，这还用问吗？"上校冒火了。"对不起，上校，"林肯面带愁容地说，"那么我只好与你说声再会啦，因为我永远看不见你了！"

知识链接

任何事情总是利弊相关的，如果我们获得的收益能大于我们的损失，这样的事情是可为的，反之则不可为。

46. 猴子吃豆子

一只猴子手里抓了一把豆子，高高兴兴地在路上一蹦一跳地走着。一不留神，手中的豆子滚落了一颗在地上。为了这颗掉落的豆子，猴子马上将手中其余的豆子全部放置在路旁，趴在地上，转来转去，东寻西找，却始终不见那一颗豆子的踪影。

最后猴子只好用手拍拍身上的灰土，回头准备拿取原先放置在一旁的豆子，谁知那把豆子，却全都被路旁的鸡鸭吃得一颗也不剩了。

知识链接

权衡利与弊，计算多与少，永远不要做那种为了微不足道的一两个而丢掉绝大多数的愚蠢之举。

47. 猴子砍尾巴

猴子想变成人，它知道要变成人，至少要砍掉自己的尾巴，因为人没有尾巴。

于是猴子拿起刀，决定动手砍掉尾巴。但动手之前，猴子被三件事困扰住了：一是砍尾巴的时候会不会很疼？它怕疼死。二是尾巴砍了以后身体还能不能保持平衡？三是尾巴一生下来就和自己在一起，跟了自己很多年了，它不忍心抛弃它。这三个问题一直想不通，所以猴子一直无法下手砍掉自己的尾巴，直到今天猴子也没有变成人。

知识链接

蜕变和完美需要痛苦的挣扎，恐惧和顾虑太多是前进之大忌。

48. 勇气

美、英、德的三位海军上将正在热烈地讨论什么是真正的勇气。

美国人和德国人谈完以后，英军上将最后发表见解。他叫来一个水兵，板着脸说："听着，我命令你爬上三百米高的旗杆，行三次礼，然后从上面跳下来。"

"什么？你疯了！"水兵愤怒地盯着上将，大声咆哮，"你让我找死吗？还是你出了什么问题？"

"瞧，先生们！"那英军上将得意地说，"对我们这些司令官来说，这才是真正的勇气！"

知识链接

坚持正确的观点不仅仅需要头脑，更多的是需要勇气。

使人开心的 幽默故事

49. 谁的脚多

蛇、蚂蚁、蜘蛛、蜈蚣几个人在家里搓麻将。八圈之后,烟抽完了,大家商量让谁去买烟。蛇说:"我没脚,我不去,让蚂蚁去。"蚂蚁说:"蜘蛛八只脚,比我的多,让蜘蛛去。"蜘蛛说:"我的脚再多也比不过蜈蚣大哥呀,让蜈蚣去吧。"蜈蚣无奈,心想:"没办法,谁让我脚多呢!"于是蜈蚣出门去买烟……一个多钟头了,不见蜈蚣回来。两个钟头后,还不见蜈蚣买烟回来。于是大家让蜘蛛出去看看,蜘蛛一出门就看见蜈蚣在门口坐着,蜘蛛很生气,问:"你怎么还不去呀?大家等着呢。"蜈蚣也急了,说道:"废话!你们总得等我穿好鞋吧!"

知识链接

古人说,"凡事有利必有弊",聪明的现代人往往总是看到事情的好处,很少考虑事情的坏处,而考虑问题不全的唯一结果就是"欲速则不达"。

50. 难分伯仲

一位旅行者来到了一个小车站,他问站长:"这儿有几家旅馆?"

"两家。"

"请问哪一家好？介绍一下行吗？"

"这可是个难题啊。因为你只要到了任何一家，马上就会后悔，怎么没上另一家。"

知识链接

人们常常会为已经做出的选择感到后悔，尤其是所谓的选择都非尽如人意的时候。

51. 左右为难

在法庭上，被告一直把手放在口袋里，法官说他没有礼貌。他回答说："我简直不知道该怎么办才好！把手放在别人的口袋里，你们惩罚我，放在自己的口袋里，你们又说我没礼貌。"

知识链接

我们总是在说无从选择，但无从选择的背后可能是我们自己将选择的答案设定为不合理，而合理的答案早已被我们自己排除在选择的范围之外。

52. 针

老祖母叹息着说："唉，如今这些姑娘差不多没有一个会用针的……"

使人开心的 幽默故事

"奶奶,我会!"孙女儿喊道,"我知道一根针用上一些时候就得换,要不然会损坏唱片。"

知识链接

对于所谓的代沟,没有比时过境迁更适合的解释了。

53. 出风头

"昨天在剧场里我看见了您的夫人。她咳嗽得可真厉害,以致大家都在看她。她是感冒了吧?"

"没有,你没看见她穿了一件漂亮的绣花连衣裙吗?"

知识链接

当人以夸张的方式试图引人注意的时候,反而让人看不到其想展现的方面。

54. 爸爸

一位孤苦无依的孕妇昏倒在一所医院门口,被医师救了进去。她即将临盆却又难产,在医师的帮助下她生下一个男婴,临终前她恳求医师一定要帮她的小孩找到一户人家收养,医师想了一下终于点头答应了。

同一个时间有一位修女因为肚子里长了一个良性瘤到医院来割除,医师就骗她说她生了一个小孩。修女很高兴地说:"真是上帝的赐予。"便把小孩抱回去抚养。时间一过就是20年,小婴儿终于长大成人,修女却一病不起。她自觉不久于人世,有一天就把那孩子叫到床前说:"儿呀!我快要死了,有件事你一定要知道,其实你不是上帝的礼物……我是你妈,你真正的爸爸就是隔壁教区的那个神父……"

知识链接

错误带来错误,这并不是一个定式。在某些时候,那些正确的事情正是通过错误才被证实的。

55. 起身上班

一对夫妇退休多年,但仍然习惯把有时钟定时的收音机调到早上七点就响,好把他们吵醒听新闻报告。有一天早上新闻报告之后,他们最喜欢听的一首浪漫老夜曲接着播出。丈夫伸臂搂住妻子,在她耳边轻声说:"亲爱的,我要是年轻40岁,你知道我现在会做什么吗?"

"知道,"她一面回答,一面将身子依偎得更紧些,"我当然知道你会做什么。"

"告诉我,亲爱的,"他叹息道,"你说我会做什么?"

"如果你年轻40岁,"她悄悄地说,"你会起身去上班。"

知识链接

年轻人永远无法体会老年人的感受，老年人却总是羡慕年轻人的活力。有些事情，只有经过了才知道珍惜。否则，即使让你重新来过，也一样会丢弃。

56. 装修钱的来源

律师的太太对丈夫说："咱们的房子和家具的样式太陈旧了，该重新装修一下了。"

律师说："你别急，我刚好接手了一件离婚案，男方是个有钱的大亨。等我拆散了他们家，就来装修咱们家。"

知识链接

如果法律成为某些人用以获取利益的工具的时候，它的危害性超过普通的一般犯罪。

57. 应变

舞台上，在击毙敌人的一刹那，手枪竟没有响。再次射击时，仍无声音。台下的观众哗然。演员一时不知所措，他慌乱地抬起脚，朝敌人狠狠踢去。扮演敌人的演员却很老练，只见他慢慢地倒在了地上，然后吃力地抬起了头，用微弱的声音说道："他的靴子上……原来有毒，我……真的不行了……"

知识链接

戏剧的舞台何尝不是人生的舞台？意外的一刻考验的是人应变的能力，而这种能力正是人生经验的积淀。

58. 计算机

学者对他的同事说："我发明的这台计算机拥有真正人的特点。"

"您是想说，它会思想？"

"那倒不是，但是如果它犯了错误，它会嫁祸于人。"

知识链接

对于有些人自以为是的小聪明，很难说究竟是成就了人还是败坏了人。

59. 奖金

教练员在拳击比赛暂停时对自己的拳击手轻声说："如果你不能豁出去，制服对手，那么奖金就只好由别人领走了。"

使人开心的 幽默故事

> **知识链接**
> 金钱的激励有时会起很大的作用。

60. 会讲英语

一个德国抢劫犯被带到法庭，法官问他是否会讲英语，这人答道："会一点儿。""你会讲什么？""把所有的钱都给我。"

> **知识链接**
> 学习任何本领的动力都来源于我们的需要。那些迫在眉睫的需要，往往最能让我们牢固地掌握本领。

61. 传令

据说，美军在1910年的一次部队的命令传递是这样的：

营长对值班军官说："明晚8点钟左右，哈雷彗星将可能在这个地区看到。这种彗星每隔76年才能看见一次。命令所有士兵穿着野战服在操场上集合，我将向他们解释这一罕见的现象。如果下雨的话，就在礼堂集合，我为他们放一部有关彗星的影片。"

值班军官对连长说："根据营长的命令，明晚8点哈雷彗星将在操场上空出现。

如果下雨的话，就让士兵穿着野战服列队前往礼堂，这一罕见的现象将在那里出现。"

连长对排长说："根据营长的命令，明晚8点，非凡的哈雷彗星将身穿野战服在礼堂中出现。如果操场上下雨，营长将下达另一个命令。这种命令每隔76年才会出现一次。"

排长对班长说："明晚8点，营长将带着哈雷彗星在礼堂中出现。这是每隔76年才有的事。如果下雨的话，营长将命令彗星穿上野战服到操场上去。"

班长对士兵说："在明晚8点下雨的时候，著名的76岁的哈雷将军将在营长的陪同下身着野战服，开着他那'彗星'牌汽车，经过操场前往礼堂。"

知识链接

对于口舌相传之事，若是你真的想知道真相，多半是需要追根溯源的。最后，你会惊异于以讹传讹竟会到如此荒诞的地步。

62. 汤不烫

一位新堂倌来到某饭店上班，林德曼先生向来就在那个饭店用午餐。就在头一天，林德曼先生对这位堂倌很生气。

"堂倌先生，"他喊道，"您把您的大拇指伸进汤里了！"

"不要紧，先生！"堂倌解释说，"这汤一点也不烫。"

使人开心的

知识链接

　　别人对你的合理要求可能在很多的时候并不是那么明显，但这并不代表着我们就可以忽略这种要求甚至将它理解为一种奖赏。

63. 稀物

　　传者：请结账！
　　顾客：天哪！怎么两个煎鸡蛋就一百元！难道这儿的鸡蛋就这么稀罕吗？
　　侍者：不，先生！这儿稀罕的不是鸡蛋，而是顾客！

知识链接

　　有时候，让自己对于周围来说变得普通与大众化往往比独特而奇缺更好些。因为即使得到同样的东西，后者往往容易比前者付出更大的代价。

第四章 笑谈快乐心灵

使人开心的 幽默故事

1. 坐在钢琴前行吗

一天,在某地的剧院里举办鲁宾斯坦独奏音乐会。

音乐会开始前,鲁宾斯坦站在大厅里,看着一大批观众涌进来听他的音乐演奏。包厢的服务人员不认识他就是演奏家,还以为他是个买不到票的观众,就关切地提醒他说:"真对不起,先生,今天已没有位置了。"

鲁宾斯坦温和地说:"那我坐在钢琴前行吗?"

知识链接

真正有素养的人绝对不会和那些比自己地位低的人计较,因为他们明白:这些人更需要别人的尊重。

2. 避雷针与婴儿

避雷针的发明者、美国物理学家富兰克林(1706—1790)正在邀请人们参观他的新发明。其中一个阔太太问:"可是,它有什么用呢?"富兰克林回答道:"夫人,新生的婴儿又有什么用呢?"

知识链接

把眼光放远一点，不要老是把眼睛盯在那些当时就能够发挥作用或产生效用的东西上面。能量越大的东西，一开始看起来越是"无用"的。

3. 我就没说话

一座古庙里住着三个和尚：一老两小。

一天，三个和尚坐着念经。按佛门规定：念经要闭目，只许默念经文，不许说话，以示虔诚。有个和尚实在闷得不行了，便偷偷睁开眼。

突然天阴了，那个小和尚便不由自主地说："哦，要下雨了！"另一个小和尚推他一把："不许说话。"这时，老和尚哈哈大笑，得意地说："还是你们的道行浅呀！看，我就没说话。"

知识链接

托尔斯泰说：幸福的家庭总是相似的，而不幸家庭的不幸却各个不同。想来最高的境界应该只有一种吧，所以就难怪有如此之多的无境界之境界。

4. 选择

有一个古老的难题在传说：当你的母亲、妻子、孩子都掉进水中时，你先去

使人开心的幽默故事

救谁?

不同的人给出不同的答案,众说纷纭。哲学家们就不同的答案给出深入的分析,说明不同的人的思想、灵魂、文化深处的重大差异。

这一次,一位农民给出了他的答案。他的村庄被洪水冲毁,他从水中救出了他的妻子,而孩子和母亲都被冲跑了。

事后,大家七嘴八舌,有的说救对了,有的说救错了。

哲学家问农民当时是怎么想的。农民说:"我什么也没想。洪水来的时候,妻子正在我身边,我抓住她就往高处游。当我返回时,母亲和孩子都被冲跑了。"

知识链接

不要给有些选择赋予太多的牵强意义,很多时候,选择的理由只是本能,只是一种自然的最可能成功的反应。

5. 完美

有一个男人,他一辈子独身,因为他在寻找一个完美的女人。当他70岁的时候,有人问他:"你一直在到处旅行,从喀布尔到加德满都,从加德满都到果阿,从果阿到普那……你始终在寻找,难道你没能找到一个完美的女人?甚至连一个也没找到?"

那位老人变得非常悲伤,他说:"是的,有一次我碰到了一个完美的女人。"

那个发问者说:"那么发生了什么?为什么你们不结婚呢?"

他变得非常非常伤心,他说:"怎么办呢?她正在寻找一个完美的男人。"

知识链接

完美只能向往，却不能当做现实的对象来追求。退一步，缺憾何尝不是一种美？

6. 放手吧

一个小男孩在玩一只贵重的花瓶，他把手伸进去，结果竟拔不出来。父亲费尽了力气也帮不上忙，遂决定打破瓶子。但在此之前，他决心再试一次："孩子，现在你张开手掌，伸直手指，像我这样，看能不能拉出来。"

小男孩却说了一句令人惊讶的话："不行啊，爸，我不能松手，那样我会失去一分钱。"

知识链接

诸位尽管笑——多少人像那男孩一样，执意抓住那无用的一分钱，不愿获得自由。放手吧！获取本属于我们的生命自由。

7. 快乐的人没有鞋子

国王整日郁郁寡欢，大臣请道士诊治。道士说："国王如果能穿上一个快乐的人的鞋子，它的病就好了。"大臣四处寻找快乐的人。

使人开心的幽默故事

有一天,当大臣走进一个贫穷的村落时,突然听到一个人在放声歌唱。寻着歌声,他找到了那个正在田间犁地的农夫。

大臣问农夫:"你快乐吗?"

"我没有一天不快乐!"农夫回答。

大臣喜出望外地把自己的使命和意图告诉了农夫。

农夫不禁大笑起来。原来,他连一双鞋子都没有。

知识链接

快乐是什么?快乐就是珍惜你已拥有的一切。对于快乐的人来说,拥有就是快乐。

8. 应该称什么

父亲怒气冲冲地打电话到商店质问:"我儿子在你们店里买了一听沙拉酱,为什么只有一半的量?你们到底称过没有?"

服务员:"先生,我想您应该先称称您的儿子。"

知识链接

与其说是别人让你痛苦,不如说自己的修养不够。

9. 不必紧张

小明洗澡时不小心吞下一小块肥皂,他的妈妈慌慌张张地打电话向家庭医生求助。

医生说:"我现在还有几个病人在,可能要半小时后才能赶过去。"

小明妈妈说:"在你来之前,我该做什么?"

医生说:"给小明喝一杯白开水,然后让他用力跳一跳,你就可以让小明用嘴巴吹泡泡消磨时间了。"

知识链接

放轻松些,生活何必太紧张?事情既然已经发生了,何不坦然自在地面对?担心不如宽心,穷紧张不如穷开心。

10. 自我消解

克尔从小梦想自己有一辆摩托赛车。上大学的时候,他终于买到了一辆。当天他开车出去,突然被一辆大卡车撞倒,摩托车被撞坏了。克尔回到学校,仍然很平静,同学们都说他很通达。克尔自嘲地说:"我小时候想,总有一天我会有辆车。看起来,还真的有这么一天。我心满意足了。"

知识链接

豁达的心态是我们面对困难和灾难最好的方式。

使人开心的 幽默故事

11. 园丁的故事

一个美国女子到巴黎游览。有一天她看到有个老头在一所别墅花园里浇水，那勤恳认真的姿态，使这位美国人很有好感。她想，法国人真是头等的园丁，在美国百里也难挑一，现在既然邂逅，为什么不带一个回国去呢？于是她就走到那位老头跟前，问他愿不愿意赴美国去做她的园丁，她可以给他很高的工资，还可以负担他的旅费，她又把美国瞎吹了一阵，仿佛那儿遍地是黄金，外国人去了都可以发财。"夫人，"老头儿回答说，"真是不巧得很，我还有另外一个职务在身，一时离不开巴黎。""你统统辞掉吧。好在我会给你补偿的。你除了园丁，还兼营什么副业？是养鸡吗？""不是，"老头说，"我希望他们下次不要再选我，我就好来接受你给的差事。""选你做什么呀？""选我做总统。""你是……""我就是法国总统。"

知识链接

境界最高的人是那些既能出世、又能入世，境界向上、眼睛向下的人。这些人可以在繁琐的事务中游刃有余，但永远不会被繁琐的事务所羁绊。

12. 难以入睡

一位汽车司机把车停在路边，以便打个盹。当他躺在座椅上时，有人问他时间，他看看表说:"快到8点了。"他刚入睡,敲窗声又响了起来:"先生,您知道时间吗?"他只得再次看表,告诉他:"8点半了。"敲窗人太多,他根本无法睡好。于是他写了个小条子贴在车窗上:"我不知道时间!"司机太瞌睡了,再次躺下。但几分钟后,一位过路人又敲起了窗户:"喂,先生,现在是9点差一刻!"

知识链接

越是我们不希望的结果,越是容易发生。也许别人带给你的麻烦正是出自他对你的关心而已。既无恶意,何必放在心里。

13. 重大损失

前几天,李明带着儿子回老家,儿子在爷爷家发现了许多壹分硬币。在李明家这种钱早已被"化零为整"了,所以儿子见了壹分硬币感觉很新鲜。李明对儿子说:"你喜欢就拿几个吧。"儿子拿了三个。李明对儿子说:"好好保存着,等你当了爷爷,这三分钱说不定就值三千元了呢!"

回来的路上,儿子在车上好像突然想起了什么,一个劲儿地摸口袋,然后一声惊呼:"爸爸,我的那三千元钱不见了!"接着,满车的人都用惊异的眼光望着李明的儿子。

知识链接

当我们真正丢失了一件东西的时候,我们往往总是把它定价为它将来可能的最大的价值,以此来让自己更痛心。其实,丢掉的也许在若干年后不值分文。

使人开心的 **幽默故事**

14. 如此凑巧

父亲每天晚饭后坐在沙发上看报纸。四岁的小铃很迷惑地问:"爸爸,好奇怪,为什么每天发生的新闻都刚好填满一张报纸呢?"

知识链接

我们的心灵不也是一张白纸吗——面对多如牛毛的信息和纷扰,是不是也应该有所甄选,净化心灵——因为简单就是宁静!

15. 水蜜桃

有一天,五岁的维雅望着姑姑的脸说:"姑姑,你的脸好像水蜜桃哟!"姑姑高兴地抱着她左亲右亲,并问:"是怎么像的?"小侄女天真地回答:"上面都有细细的毛。"

知识链接

童言无忌,最是开心——当我们羡慕孩子们的无忧无虑的时候,是否也该为自己的心灵刷刷新,让它透明一点,就像孩子们那天真无邪的水灵灵的大眼睛。

第四章
笑谈快乐心灵

16. 糊涂教授

"教授，听说尊夫人生了双胞胎。是男的，还是女的？"
"让我想想看。好像一个是女的，另一个是男的。不过又好像是正好相反。"

知识链接

板桥先生云：难得糊涂。这是一种化繁为简的智慧和境界。但是反过来，化简为繁——或许我们只能无奈地糊涂一笑了吧。

17. 怨气难消

法官望着被告说："我是不是曾经见过你，你好像有些眼熟。"
被告满怀希望地说："是的！法官。您忘啦？21年前，是我介绍尊夫人跟您认识的。"
法官咬牙切齿地说："判你20年有期徒刑。"

知识链接

一味地铭记仇恨是不是太狭隘了。为什么不敞开心胸，让爱的微风吹进胸膛，相信一定会豁然开朗。

18. 人生的幸福

有一天，罗素的一位年轻朋友来看他。走进门后，只见罗素正双眼注视房屋外边的花园，陷入了沉思。

这位朋友问他："您在苦思冥想什么？"

"每当我和一位大科学家谈话，我就肯定自己此生的幸福已经没有希望。但每当我和我的花园谈天，我就深信人生充满了阳光。"

知识链接

人生的坐标是用参照物对比出来的。比上不足，比下有余，与不同的人相比会得到不同的感受，有的时候可以往下比一下，找找安慰和自信。

19. 都想当议员

一位众议员为了竞选连任，对他选区的选民发表演说。他说："为了美国人民的幸福生活，我还要努力奋斗。要知道，现在议员不比以前好干了，实在难当啊……"

一位选民插话说:"是的,阁下,现在的议员是不好当了,可是又有谁不想当议员呢?"

知识链接

权力、利益、名气、地位——这些闪亮的金字招牌总是使人们趋之若鹜,又能说谁贪婪呢?人之本性,概莫能外!

20. 后到先买

一位妇女到市中心的百货商店买靴子。她看了颜色看式样,看了式样看光泽,挑挑拣拣,最后终于下定决心:"售货员,请把我最先看过的那双靴子拿给我。"

"是哪一双?是不是红的那双?"

"比红的那双看得更早。"

"黄的那双?"

"不,还要早。"

"哦,你要的是褐色绣花的?"见妇人点了点头,售货员抱歉地说,"它早在两小时前就被比您后到的一位顾客买走了。"

知识链接

虽然捡芝麻丢西瓜的故事我们耳熟能详,但能做到选择正确,不为诱惑所动的人实在太少。主要原因在于一个"贪"字。

21. 会吠的狗不咬人

一天，一位法国人拜访他的英国朋友。当他来到朋友家门口时，一只狗跑了出来向他狂吠。

那位法国人给吓住了。这时，他的英国朋友走出来迎接他。

"哦，别害怕。"他说，"你难道不知道'会吠的狗不咬人'这句谚语吗？"

"啊，是的，"他赶忙回答说，"我们俩都知道那句谚语。可是……那只狗……它也知道那句谚语吗？"

知识链接

对外界条件的过分苛责对你毫无益处，而只能成为你止步不前的理由。

22. 幸好不是

一个卡车司机跑长途。

途经一个小村庄时，一个中年农妇突然小跑着横穿马路，大卡车来了个急刹车，差点撞着农妇的屁股。

农妇火冒三丈，冲到驾驶室前对司机没完没了地臭骂。

司机不还嘴，点燃一支烟，慢慢地吸着，听农妇从"村骂"上升到"国骂"。

一支烟吸完，农妇还在骂，司机火了："如果我刚才刹车晚了，轧死了你，这会儿你还能骂吗？"

知识链接

生活，是很需要一些开朗和豁达的。我们应该像契诃夫所说的那样："要是你的手指扎一根刺，那你应当高兴：挺好，多亏这根刺不是扎在眼睛里！"这样，当我们遇上一些麻烦时，也就不至于愁肠百结了。

23. 不钓大鱼的钓客

有一个人在河边钓鱼，他钓了非常多的鱼，但每钓上一条鱼就拿尺量一量。只要比尺大的鱼，他都丢回河里。其他钓客不解地问："别人都希望钓大鱼，为什么只有你将大鱼都丢回河里呢？"

这人轻松地回答："因为我家的锅子只有尺这么长，太大的鱼装不下。"

知识链接

"够用就好"也是不错的生活态度。

24. 找钱包

丈夫的一个装着很多现金的钱包找不到了，他正在搜索自己的衣袋。妻子在一旁问：

"你裤子口袋找过了吗？"

"找了，没有。"

"西装上衣的几个口袋呢？"

"也找了，没有。"

"贴身的内衣口袋呢？"

"没敢找。"

"为什么？"

"如果那里要是再没有，我的心脏病准得发作。"

知识链接

为了留住仅存的希望，很多人不忍揭开最后的真相。可人总得去面对现实，而勇气是自己给自己的。

25. 可以选择

某天吃完套餐，侍者过来收盘子，我就问他是不是有餐后饮料可以点？他说可以，请看菜单选择。

我就点了咖啡，我同学点了红茶。侍者却说：

"对不起，咖啡和红茶都卖完了。"

我问："那还有什么可以选择的？"

侍者答："我们只有柳橙汁。"

我有点不爽："那你还说可以让我们选择？"

侍者酷酷地说:"你们可以选择要或是不要。"

知识链接

有时候别人给你选择,你却未必会有选择的权利。其实大家彼此都明白,其实你只有一条路可以前行。

26. 祝词

大腹便便的施密特先生决定独自在餐馆里迎接新年。他坐在餐厅角落里叫来了服务员,他说:"请你给我送上一高脚杯伏特加酒、一份肉饼,为了迎接新年,你最好能再送我一句美好的祝词。"

过了几分钟,服务员将酒和肉饼端到了施密特的面前。施密特问:"说吧,你送我的祝词是什么呢?"

服务员俯身对着他的耳朵轻声说:"别吃肉饼了,先生。"

知识链接

当别人给我们的忠告中肯而正确的时候,往往是我们最难抉择的时候,因为那些忠告的内容可能就是我们自己不想去改变或是很难去改变的。

27. 替补猴子

某动物园来了只年轻的狮子,和一只老狮子关在一个笼子里。管理员每次来喂食时总是给年轻狮子一根香蕉,而给老狮子的则是一块肉。年轻狮子心想:"可能我是新来的,不要太计较。"

经过三个月后,还是如此。年轻狮子终于按捺不住地问管理员:"为什么我来了三个月还只是吃香蕉?"管理员回答说:"因为你补的是猴子的缺呀!"

知识链接

妥协现实就接受别人眼中的自己;追求梦想就告诉别人,什么才是真正的你。

28. 两全其美

古时候,齐国一户人家有个漂亮女儿,同时有两户人家来提亲。东家家境富裕,但儿子长得丑;西家儿子长得好看,却家境贫寒。父母不好决断,就让女儿袒露一支胳膊暗示自己的意思,结果女儿把两只胳膊都袒露出来。母亲问女儿:"你这是什么意思?"女儿回答说:"我愿意在东家住宿,在西家吃饭。"

知识链接

趋利避害是人的本能,人往往根据自己的条件和判断来做选择,但像上面这种只选利的方法常常是行不通的。

第四章
笑谈快乐心灵

29. 得与失

年轻人下班回家,发现新婚妻子在发愁。

"我真是没用,"她说,"我刚才替你熨那套西装,把裤子烧了个大洞。"

"不要紧,"丈夫安慰她说,"那套衣服我多备了一条裤子。"

"对,"妻子高兴起来说,"幸亏这样,我用那条裤子把烧的洞补上了。"

知识链接

我们总怕有所失,所以常常预留备份,甚至冒险地脚踏两只船,以求万无一失。可是,生活本身并不完美,而是真实——即使残缺,也是真实的美!

30. 等一分钟吧

有一个人问上帝:"伟大的上帝,在你的眼睛里,一千年的时间意味着什么?"

上帝回答道:"只意味着一分钟罢了。"

"万能的上帝呀,在你的眼睛里,一万个金币又意味着什么呢?"

"仅仅意味着一个小钱罢了。"

"慈悲的上帝呀,那就请你恩赐给我一个小钱吧!"

"好,可怜的人,就请你稍等一分钟吧!"

> **知识链接**
>
> 任何事情其实都是相对的，得到东西的时候，也是要付出相应的代价。

31. 过河

一个船夫划船送一位哲学家过河，上船时哲学家问："你懂哲学吗？"船夫说不懂。哲学家说："你生命的一半没有了。"船划了一段后哲学家又问："你懂历史吗？"船夫说不懂。哲学家说："你生命一半的一半没有了。"划到河中间时一阵大风刮来，船翻了，船夫问哲学家："你会游泳吗？"哲学家说不会。船夫说："你整个生命没有了。"

> **知识链接**
>
> 这是马克思晚年在写给女儿信中讲的一个故事，是在说明思想理论与现实经验的差异。什么是经验？经验是实践的升华，是现实的感悟，是自我否定的积累，是付出一定代价后的重新认识。记住，原始的不一定是落后的，理性的不一定是现实的，直觉的不一定是肤浅的，有趣的不一定是有效的，荒诞的不一定是无益的，失败的不一定是消极的，模糊的不一定是混乱的，精细的不一定是高明的，传统的不一定是保守的，玄妙的不一定是深刻的，全靠你用脑子去思辨、去选择。

32. 掉头发

"大夫，我总掉头发，您说是怎么回事？"

"一般情况，这是因为病人焦虑过度引起的。您说说看，目前您总在考虑什么问题呢？"

"我总在想，我的头发掉得太厉害。"

知识链接

焦虑的可怕之处在于它带给人一种坏情绪的恶性循环，要知道，焦虑唯一的能耐就是让人更加焦虑。

33. 运气真好

一个骑自行车的人撞倒了一个行人。

"您的运气真好啊！"骑车人安慰被撞的。

"你怎么不害臊！难道你没看到，我的腿被你撞伤了吗？"

"不管怎么说，您的运气真不错！今天我休息，我平时是开大卡车的。"

知识链接

在遇到坏运气的时候，我们不妨告诉自己：还好，事情没有更糟！

使人开心的 **幽默故事**

34. 老天无眼

小男孩和他年迈的祖母沿着海岸走着。一个巨浪呼啸而至,将小男孩卷进了大海。六神无主的老太太跪倒在地上,举目苍天,乞求上帝将她可爱的孙子还给她。呼——又一个大浪打来,将吓呆了的小男孩冲到了沙滩上,落在她面前。这位祖母仔仔细细地将小男孩看了个遍。他丝毫无损。可是老太太还是怒气冲冲地朝老天瞪圆了眼。"我们来时,"她愤怒地喊道,"他戴着一顶帽子的!"

知识链接

如果我们许了一个愿望,而它终于实现了,即使不是那么尽如人意,也是应该庆幸和感激的呀。

35. 该谁睡不着

半夜了,柯恩还在床上翻来覆去睡不着。

老婆问他:"你怎么啦,不舒服吗?"

"唉,"柯恩叹道,"我欠街对面的纳尔逊300块钱,明天就得还清。可我哪有钱呀,恐怕到天亮也睡不着了。"

"就这点小事儿?"老婆翻身下床,"你看我的。"

她走到窗前,推开窗户,朝对面大声叫道:"纳尔逊先生,你到窗口来听好:

我丈夫明天还不了你的钱！"嚷罢，她关上窗户，对柯恩说："行了，你安心睡吧，现在轮到纳尔逊睡不着了。"

> **知识链接**
>
> 如果烦恼对解决事情毫无助益的话，还不如干脆把问题暂且抛开，至少好心情也是个不错的开始。

36. 下棋

有个人很喜欢下棋，自己认为棋下得很好。一天，他和别人下棋，一连输了三局。后来，有人问他："前几天你和人家下了几局棋？"他说："三局。"这个人又问："胜负如何？"他回答说："第一局我不曾赢；第二局他不曾输；第三局我要和，他不肯。"

> **知识链接**
>
> 对待挫折与失败，有两种态度：一种是从中看到自己的差距，努力进取，迎头赶上；一种是不能正视自己的不足，讳疾忌医。毫无疑问，我们应该采取前一种。

37. 奋斗不息

在饭店里，两个素不相识的人互相攀谈起来。

使人开心的幽默故事

甲说:"我是一个奋斗不息的青年。先从最基层干起,以后才一直爬到顶峰。"

乙不禁肃然起敬。

"真了不起,那你奋斗的经历肯定非同一般。你是做什么的?"

"从前擦皮鞋,现在是……"

乙没等甲说完,连忙接上去说:"现在肯定是理发师!"

"一点儿没错!"

知识链接

你可以胸怀远大,但不要随意轻视目前的自己。先从身边的小事做起,从能够入手的地方开始。这不仅是一个在很多地方都很适用的宝贵原则,而且会让你获得信心,还有快乐的心情!

38. 答复

父亲要出远门,临走前对儿子说:"如果有人来问'令尊在家吗?'你便答复因事出门了。你要是记不住,就看看这张条子。"

父亲走了三天无人来访,儿子就把纸条随手扔了。

第四天,有客临门问:"令尊在家吗?"

儿子在怀里找了半天,找不到父亲留下的条子,自言自语道:"没了。"

客人吃了一惊,忙问道:"怎么没了?"

儿子道:"昨晚被我扔了!"

知识链接

情绪上的焦虑和不安总是让我们忽略了正在面临的问题。所以，处乱而不惊才是解决问题的前提。

39. 不便直说

一办事员叫住老板，不安地说："董事长，我猜想有您的电话。""猜想？是我的就是我的，还猜想什么！"办事员更加窘迫，结结巴巴地说："来电话的人说，让那个老……老混蛋听电话！"

知识链接

当我们得到一个似是而非的答案时，最好不要迫切地追究真相，也许那正是我们最不想知道的。

40. 果断回答

一位年轻军官想打个电话，但他没有零钱。于是他拦住一位过路老兵："你手头有没有零钱？上士。""我给你找找看。"老兵伸手去掏他的钱包。"你是这样回答少尉的吗？重来一遍。你手头有没有零钱？上士！""报告长官，没有！"老兵果断地答道。

使人开心的 **幽默故事**

> **知识链接**
>
> 凡事欲速则不达。当你越是着急做一件事情的时候,你距离目标会越来越遥远,心平气和地去做,可能会事半功倍。

41. 军训趣事

军训时,夜里常有紧急集合。今天又传来了夜里会紧急集合的消息。大家严阵以待,都在床上假寐一直熬到夜深。凌晨两点时,一声长啸划破夜空。于是大家穿衣的穿衣,叠被的叠被,匆匆来到操场上,却不见教官的身影。正当大家疑惑之际,二楼一学生探出头说:"各位对不起,泡面的水开了!"

> **知识链接**
>
> 紧张的时候最容易忙中出错。当你的情绪处在紧张的状态中,每一根心弦都绷得很紧的时候,就是你最容易出错的时候。

42. 过去的好时光

一天下午,一个年轻人在高尔夫球场准备开球,这时过来一个年老的绅士,询问是否可以和他一起打几杆。因为年轻人是独自一个人,就爽快地答应了。开球以后，老人打得一点也不赖，虽然球击得不很远，但却是扎扎实实地前进，几乎没有浪费时间。当他们来到第九洞前时，年轻人看到一棵枝繁叶茂的大树挡住了球路。年轻人反复观察测量，想找出避开大树的方法。几分钟后，老人开了腔：

"年轻人，知道吗？我在你的那个年纪，就会狠命一击，把球从树顶上打过去。"

被老人一激，年轻人玩命挥杆，向球击去。不幸，球直接飞进了树冠，然后掉到地面，又滚到了眼前。

这时，老人又说道："当然了，我在你的那个年纪的时候，这棵树只有两米来高。"

知识链接

容易冲动是年轻人的通病，冲动必然考虑不周，易犯错误。能克服这点、保持冷静的人才会成为同龄人中的佼佼者。

43. 忙中出错

董事长为参加宴会，在公司门口急急忙忙地跳上一部的士，同时大声说："我要赶时间，开快点！只剩下20分钟了！"说完便打开手上的晚报来看。一直看了十几分钟报纸，他才抬起头来，一看车子还在公司门口。他大为生气，正要找司机发火时，才发现车上根本没有司机。

知识链接

越是忙的时候越要保持冷静，不能犯错，否则就真的应验了那句老话——欲速则不达。

44. 误会

有一架小型飞机中途引擎失灵，驾驶员在一条人车稀少的公路上降落。驾驶员跳出来向唯一看到的一辆汽车走去，希望能搭便车到最近的出口。这辆汽车缓慢地停在路旁，坐在驾驶座的女人探出头紧张地说道："我会马上开走的，先生，只要你告诉我怎么回到公路上。我会把车子尽快开离飞机场的！"

知识链接

越是在陌生的环境，越是要保持冷静的头脑。不能随便选错了参照物。

45. 得来不易

被告人向他的辩护律师许诺说："如果你有本事使我可以只蹲半年监狱，那么你将得到额外的一千元钱酬金。"被告人终于如愿以偿。

律师一边收钱一边说："这可真是棘手的活儿，本来法官们想判他无罪释放。"

知识链接

有时候,妄下断言和结论往往会把事情弄得更糟。

46. 顺序有误

在某外交官的晚宴上,一位刚到美国的法国外交官有点局促不安,因为每个人都要站起来讲几句话,但是他的英语实在不行。先有贵宾说:"我们来敬东半球的女性一杯。"后来又有人敬西半球的女性一杯。轮到这位法国外交官讲话时,他站起来说:"各位,让我们为女性的两个半球干杯吧。"

知识链接

当你不是很有把握的时候,真的不要鲁莽从事。要知道,适当的谦卑比逞强装懂更能让人接受。

47. 责怪

经理责怪秘书:"谁让你把我写字台上的灰擦掉了?我在那上面记了好几个电话号码,现在一个也看不见了。"

知识链接

在指责别人的同时，是否自己应该先想一想，也许自己一开始就已经错了。

48. IBM 和波音 777

波音 777 是有史以来第一架完全在电脑虚拟现实中设计制造的飞机，所用的设备完全由 IBM 公司提供。试飞前，波音公司的总裁非常热情地邀请 IBM 的技术主管去参加试飞，可那位主管却说道："啊，非常荣幸，可惜那天是我妻子的生日，所以……"

波音公司的总裁一听就生气了："胆小鬼，我还没告诉你试飞的日期呢！"

知识链接

没有弄明白整个情况之前，不要过早地暴露自己的想法，让自己陷于被动。

49. 确认身份

一名男子去银行兑付支票。工作人员对他说："好的，不过必须先要确认一下您的身份。"

这名男子照了照镜子，点头说道："对，这是我！"

第四章
笑谈快乐心灵

> **知识链接**
>
> 在搞清楚问题之前，最好不要冒失、武断地采取行动——不如确认一下问题的关键所在。

50. 不划算

在一次宴会上，一位火箭专家热情地向朋友们宣告："最近，我们将把几只老鼠送到一个遥远的星球去。"

话音未落，一位女士插嘴说："哟，这样去消灭老鼠，不是太不划算了吗？"

> **知识链接**
>
> 当我们面临着一场与惯常情形不同的情形时，唯一该做的就是附带思考的观察与总结。不要任由自己的惯常思维脱口而出。

51. 新兵跳伞

在接受跳伞训练时，由于是第一次，新兵们都心惊胆战，不敢往下跳，教官便抓起一个新兵从飞机上扔了下去。当抓到第二个士兵时，那位士兵挣扎着，教官不容他说话，也把他扔下去了。这时，其余的新兵笑了起来。教官训斥道："笑什么？胆小的家伙！"其中一个新兵解释道："你把驾驶员扔下去了。"

使人开心的 幽默故事

> **知识链接**
>
> 在没有弄清楚事实的情况下，切忌冲动地做出决定，否则出现上述教官那样荒唐的行为时，后悔为时已晚。

52. 如此送站的两个傻瓜

火车准备开动，三位男士匆匆忙忙跑向站台，发现火车已经开始启动，这三个男士便沿着站台箭步追赶上去。

跑在最前面的两个人终于在最后一刻跳上了车厢，剩下的一个真的追不上了，只好停步下来，看着火车缓缓离去。

突然，那人哈哈大笑。站台工作人员不解地问：

"先生，你赶不上火车还有什么好笑的？"

"不是啦！"那人边笑边说，"本来坐火车的是我而不是他们，他们只是来送站的。"

> **知识链接**
>
> 不必焦急，是你的想跑也跑不了，不是你的想得也得不到。

53. 英雄气短

一位太太把支票递进银行的窗口并难为情地说道："对不起，我丈夫的签字有点儿难认。我没想到，他见我拿着手枪，会吓成那个样子……"

> **知识链接**
>
> 我们想要获得的东西，在我们不惜一切将要获得的时候，总是很容易将那种可能并不高明甚至被禁止的获得手段于将要胜利的亢奋中不经意间告知他人，并因此而使我们远离了想要的结果。

54. 你叫什么名字

一次亚历山大偕同妻子出国。在边防检查护照时，检查官问他妻子叫什么名字。这时他怎么也记不起来她叫什么。检查官怀疑地看着亚历山大。正在这时，他的妻子进了检查站的屋子，亚历山大马上对她说："卡佳！看在上帝的面上，你叫什么名字来着？"

> **知识链接**
>
> 生活中经常有这样一种现象：如果过于熟悉一种事物，总是让我们于情急中对它的记忆一片空白。但是，也正是由于这种过分的熟悉，我们于不经意间无法将其摆脱。于是，熟悉的就无法再淡漠。

55. 广告

在美国某城市的大街上贴着一则广告："如果你给我寄来一百美元，那么我

使人开心的 幽默故事

就告诉你得到一千美元的办法……"有人真的寄去了一百美元,得到的回答是:"你找十个像你这样的傻瓜!"

知识链接

在诱惑面前,要学会保持冷静、清醒的头脑,否则你得到的收益只能是——花钱买教训。

56. 回家之路

警察看见一个醉鬼摸着一个大木桶的边在绕圈子,便说:"你怎么啦?"
"没事!我回家,这木头围栏的尽头就是我的家。"

知识链接

我们是不是也时常走进人生的死角,即使碰得头破血流也不愿回头?所谓山重水复疑无路,柳暗花明又一村——还是冷静和变通一下吧!

57. 报警

一天深夜,值勤的警官罗伯特接到一个报警电话。打电话的人自称在第十三街区,他从夜总会出来后,发觉自己车里的方向盘、刹车、加速器等等都让小偷给卸去了。

罗伯特表示立刻前往出事地点。

就在他开动巡逻车准备出发的瞬间，电话铃又响了起来，罗伯特只好下车再拿起电话筒。

打电话的仍是刚才那位报警的人："实在对不起，先生，您用不着来了。我喝多了，刚才一阵冷风吹来，我才发现自己原来是坐在车内的第二排座位上。"

知识链接

当我们发现自己一无所有的时候，可能并不是事实的真相。让自己冷静下来，也许你会发现，一切还是老样子。在自己的森林中迷路，并不代表你失去了属于你自己的森林。

58. 可怜的老先生

一天，一位老先生沿街缓慢地行走，看见个小男孩正要摁一个门铃，但门铃太高，他够不到。老先生心地善良，就停下步子对小男孩说："我来给你摁铃吧。"然后他使劲儿摁铃，整个房子里的人都听到了铃声。

那个小男孩对老先生说："现在咱们逃走吧，快！"

老先生："……"

知识链接

看到困境中的人，即使你怀着善良的心愿，最好也要搞清楚是怎么回事再付诸行动。

59. 马、鹿与人

一匹马找到一块丰美的草地，常到这里饱餐一顿。可是后来，一只鹿也发现了这个秘密，趁马不在时，也跑来吃点草。

马发现了这件事，觉得鹿侵占了自己的利益，想报复鹿，但自己又无能为力，就请人来帮忙。人说："我也没办法，除非你套上辔头，我骑上你，才能追上它，惩罚它。"

人骑着马，惩罚了鹿。之后，便把马拴在了槽头。

这时，马才省悟过来，长叹道："我真傻，为了一点小事而图报复，反而使自己沦为奴隶。"

知识链接

逞一时之快，睚眦必报本就不可取，为了打击报复又不择手段，终会让自己付出沉重的代价。

第五章
笑谈人性的弱点

使人开心的幽默故事

1. 炫耀

"亚洲是我长期以来最喜爱的旅游目的地，"一位女士在宴会上炫耀说，尽管她还从未离开过美国，"那魔术般的神秘和不可思议，简直美妙得令人难以置信！尤其是中国，可真是亚洲的一颗明珠！"

"亚洲的塔是什么样子的？"坐在她旁边的一位先生问道，"您见过吗？"

"岂止见过？亲爱的，我还同他们一道吃过午饭呢。"

知识链接

虚荣心是一种可怕的东西，它往往让人滑向深渊而不自知。

2. 失去与相信

有一个人，被判了死刑。临刑前，他向国王保证："陛下，在一年之内，我可教会陛下的马飞翔。如不能，您可以处我以酷刑。"

于是，国王判了他缓刑。他是怎么想的？他想："在一年之内，国王可能死去；如果他不死，我也许会死去；如我不死，也许，国王的马真会飞翔起来哩！"

知识链接

与其失去一切，不如相信奇迹！

3. 真理

"你觉得什么东西最近？"
"当然是死亡。"
"那你说什么东西最远？"
"当然是希望。"

知识链接

选择放弃是再轻易不过的了，最难的是坚持自己的理想和追求。

4. 成功的秘诀

一名记者采访某著名银行的总裁，想探知他成功的秘诀。
"你是如何获得成功的？"
"5个字——正确的决定！"
"怎样做出正确的决定？"
"2个字——经验！"

使人开心的 幽默故事

"怎样获得经验呢?"
"5个字——错误的决定!"

知识链接

成功是一个充满失败的过程,一方面承受失败,同时不放弃向成功前进。请相信,这是很多过来人的经验之谈。

5. 卖伞者

"下吧,雨下得越大我越高兴。"
"你真是个乐天派。"
"不,我是卖雨伞的。"

知识链接

谁不会在顺境中心情舒畅?真正的乐天派是在逆境中依然保持自己的信心和努力的人。

6. 家里也不安全

有位水手正准备出海远航,朋友问他:"你父亲是怎么死的?"
"死于一次航海事故。"
"你祖父呢?"

"也死在海上。一次突如其来的热带风暴，夺去了他的生命。"

于是朋友劝道："那你为什么还要当水手去航海呢？"

水手淡然一笑，反问道："你父亲是怎么死的？"

"死在家里。"

"你祖父呢？"

"也死在家里。"

"亲爱的朋友，那你为什么还要呆在家里呢？"

知识链接

生命的活力源自一种执着坚定的信念，若仅仅追求生活的安逸，活着无非是一个等死的过程。

7. 了解自己

正逢割草时期，农场急需人手，于是农场主人想请汤姆帮忙。

汤姆想了想问道："会给我多少钱？"

"我会视你工作的情形而定。"农场主人诚恳地回答。

汤姆想了一会儿，不久便摇头说："这样的话，我大概拿不到多少钱。"

使人开心的 幽默故事

知识链接

一个人意识到了自己的不足，接下来要做的就是努力去改进。记住，别人对你的信心来自于你对自己的信心。如果连你自己都觉得"是的，我就是这样了，不会更好了"，那别人又怎能看好你呢？

8. 钓鱼

众所周知，钓鱼的人要少说话、少活动。

有两个钓鱼的人坐船来到海上垂钓，整整四个小时没说一句话，也没动一次。就在这时，其中之一抬了一下腿。于是伙伴告诉他："你听着！过去的四个小时里你已抬了两次腿了。你到底是来钓鱼还是来跳舞？！"

知识链接

只有对感兴趣的事情，人们才会最大限度地去投入，而对所有的辛劳浑然不觉。

9. 成功的公式

一个爱说废话而不爱用功的青年，整天缠着大科学家爱因斯坦，要他公开成功的秘诀。

爱因斯坦厌烦了，便写了一个公式给他：A＝X＋Y＋Z。爱因斯坦解释道："A代表成功，X代表艰苦的劳动，Y代表正确的方法……""Z代表什么？"青年迫不及待地问。"代表少说废话。"爱因斯坦说。

知识链接

古人说得好：无志之人常立志。不能脚踏实地的空想家永远都不会成功。

10. 看质量

一个牧师询问一个士兵是否坚持祷告。士兵说他祷告了。
"什么时候？每顿饭前吗？"
"那就得看摆出来的饭菜质量如何了。"

知识链接

真正的信仰面前，会不由自主地忘记口舌之欲，以及更多实际上在困扰人的东西。

11. 孙女的疑问

"爷爷，"孙女问，"您为什么要读圣经呢？"
"准备最后一次考试啊，孩子。"

知识链接

如果说《圣经》能帮你通过最后的考试，那是信仰对人的成就。

12. 药片

早晨，护士走到病人床前询问病情。

"喂！安德烈，夜里睡得怎么样？"

"好极了。这多亏了我在临睡前服用了您拿给我的那个药片。"

"可那药片怎么还摆在你的床头柜上呢？"

"是吗？这不可能。哟！坏了，我刚才发现我的衬衫上少了一个纽扣……"

知识链接

自欺欺人的"精神胜利法"固不可取，但适当的心理安慰和精神鼓励确实能起到比"药物"更好的效果。

13. 初次登台

美国两个歌舞演员在谈话。

"我初次登台就得到许多钱,让妻子开了个花卉店。"

"我比你强,我初次登台,观众就送给我一幢房子。"

"我可不信!"

"是给了,当然,每人只给了一块砖头。"

知识链接

那些懂得坚持的人像上了保险一样。无论他们受挫多少回,仍将朝着胜利的巅峰迈进,即使在失意之后,也会再次收拾好自己,卷土重来,继续努力尝试。也许,我们应该祝福和相信他们终会登顶。到那时,全世界的人都会喊:"好棒啊!我早就知道你可以办到的!"

14. 安静的方法

班上正在开班会,同学们七嘴八舌,非常吵。这时,班主任说:"各位同学,现在我们来做个脸部运动,请大家把嘴张成O形。"大家很合作地做着动作,整个教室顿时鸦雀无声。老师接着说:"根据我多年的经验,要让学生马上由吵闹变安静,这是最有效的办法,屡试不爽。"

知识链接

若一件事情很难用通常的方法解决,不妨用一个新奇而冠冕堂皇的方法试一试。

15. 数到100再说

某冬日，上课了，伊万老师背靠教室壁炉站着，对学生们说："说话前要多考虑，至少要数到50下才说，重要的话要数到100下。"

学生们争先恐后地数起来，最后不约而同地喊出："99、100，老师的衣服着火了！"

知识链接

规矩太多，便会导致丧失最起码的活力。因此，话不能说得太死，否则便没有了回旋的余地。

16. 多此一举

一位游泳运动员横渡英吉利海峡，当他登陆时，许多喝彩的人围住了他。一个人走上前来，不解地问道："您还不知道这儿有轮渡吗？"

知识链接

多数时候人们只愿意去做公认的有意义的事情，觉得那是理所当然。可是，他们也许不懂得，很多看来不可思议的事情，在我们精神的坚持下，骄傲地成为现实——那就是巨大的意义！

第五章
笑谈人性的弱点

17. 谁是总统

高速公路上克林顿夫妇的汽车抛锚，加油站的工人走上前来。希拉里悄悄耳语："比尔，他是我的初恋情人。""幸好你没嫁给他，不然你就成不了第一夫人了。"希拉里冷静地回答："不，要是我当年嫁给他，现在他就是总统了。"

知识链接

时刻拥有自信，你将永远是胜利者。

18. 好心不得好报

珀西眼睛下边青了一块，他母亲很担心。听说是学校一个叫比利的蛮不讲理的同学打的，母亲就对珀西说："你要和他交朋友，拿这块蛋糕去给他，和他握手。"

两天以后珀西另一只眼睛下边也青了一块。他母亲问："这又是怎么回事？""比利还想要蛋糕。"

知识链接

面对邪恶，我们唯一能做的就是绝不妥协。因为，你的妥协只代表着尊严的丧失，并激发了更多的邪恶。

使人开心的 幽默故事

19. 非车不可

一个农夫牵着头牛气喘吁吁地在通往赛伦塞斯特的路上走着。这时，一位骑摩托车的人从他身边经过，农夫忙拦住他问："到赛伦塞斯特还要多久？"

"是牵着牛走，还是不牵牛走？"他反问。

"牵着牛走，我想。"农夫说。

"那么我回答不了。"他说，"我，以及所有的人，去那里都是骑摩托车的。"

知识链接

生活中一个目标的实现并不是只有一种方法，当他人经常使用的那种方法对我们来说是不可实现的时候，只要我们坚持并具有足够的耐心，成功一样属于我们。

20. 胆小的狩猎者

在非洲丛林。

当地人对从欧洲来狩猎的旅游者说："先生，我在离这儿不远的北边发现了老虎的脚印。"

"太好了，谢谢你。顺便问问你，从这儿往南走的路在哪儿？"

> **知识链接**
> 有勇气才敢向危险迎头而上，而怯懦者只会落荒而逃。

21. 忍耐

国王秋奥尼修啐了阿里斯提卜一口，阿里斯提卜忍受了。面对别人的非议，他说："渔夫为了捕到一条小鱼不惜让海水溅身。我要捕一条大鱼，有什么不可以忍受的呢？"

> **知识链接**
> 退一步，再退一步，乃是处世之法；进一层，再进一层，乃是自律之方。

22. 考古与外交

美国驻以色列大使托马斯·布金在拜访了一位正在挖掘古物的考古学家后，很有感触地说："考古和外交正好相反，考古要揭示的是未知的事实，而外交则是掩盖已知的事实。"

知识链接

揭示事实与掩盖事实是人类共同的需要，只不过大家的分工不同罢了。

23. 毕业考试

侦探学校举行毕业考试，有一个问题是：公路上有一辆汽车飞驰，没有开灯。突然之间，有一个穿黑衣服的醉鬼走到路中间。这时没有路灯，也没有月亮，眼看那个人就要被汽车撞倒，但汽车忽然刹住了，是什么原因？

有人答："因为醉鬼的眼睛发光。"

有人答："因为醉鬼大声叫喊。"

都不对。正确的答案是：当时是白天。

知识链接

最简单的答案你往往想不到，因为你好像早已习惯了复杂地理解这个世界。

24. 谁打破了碗

晚饭后，母亲和女儿一块儿洗碗盘，父亲和儿子在客厅看电视。

突然，厨房里传来打破盘子的响声，然后一片沉寂。

儿子望着父亲，说道："一定是妈妈打破的。"

"你怎么知道？"

"她没有骂人。"

知识链接

我们习惯以不同的标准来看人看己，以致往往是责人以严，待己以宽。

25. 我的钱

一位好心的男子常把钱给他家附近的乞丐。

有一天，乞丐对他说："先生，我想请教你一个问题。两年前，你每次给我十块钱，去年减为五块，到了今年，每次只有一块了。这是什么缘故？"

那人答道："两年前我还是个单身汉，去年我结了婚，今年家里又添了个孩子。为了家用，我只好节省自己的开支。"

乞丐听了生气地说："你怎么可以拿我的钱去养活你的家人！"

一切从自己出发，这是很多人的通病。

26. 如释重负

约翰被牙疼折磨了几天，终于下决心去找牙医了。他战战兢兢地按了门铃，护士说："对不起，大夫不在家。"约翰如释重负地叹了口气问："您能否告诉我，下次他哪天不在家？我可以再来。"

知识链接

有了问题，一定不要逃避。否则，小问题终会变成大问题。

27. 提琴不喝茶

一位贵妇邀请帕格尼尼第二天到她家去喝茶，帕格尼尼接受了邀请。贵妇很高兴，告别时，笑着对帕格尼尼补充说："亲爱的艺术家，请你千万不要忘了，明天来的时候带上您的提琴！""这是为什么呀？"帕格尼尼故作惊讶地说，"夫人，您是知道的，我的提琴从不喝茶。"

> **知识链接**
>
> 人都是有这样占小便宜的心理，希望能用较小的付出换来很大的收益，可是天下没有免费的午餐。

28. 扎猛子

"你会扎猛子吗？"
"那谁不会！"
"你能在水中呆多久？"
"那可不好说。"
"怎么？"
"我在水中的时间长短完全看你何时把我拉出水面。"

> **知识链接**
>
> 人说大话的时候从来都是脱口而出的，就是被别人识破了，也死撑着决不改口。

29. 请假

亨利打电话给公司经理，称他患了喉炎，不能前去上班。

使人开心的**幽默故事**

"如果你是患了喉炎,为什么在电话里说话声音还不轻点?干吗还要大喊大叫的?"经理不无怀疑地问。

"我说话声音为什么要轻一点?患喉炎又不是什么秘密。"

知识链接

也许事情本身没有可指责的,但若成为人说谎的理由便不怎么光彩了。

30. 公鸡

"你的这只公鸡一定非常懒吧?"一位农民问另一位农民。

"哪儿的话!每天天一亮,当邻居家的鸡开始打鸣时,我的鸡总会从梦中醒来,不断地点头表示同意……"

知识链接

只是听取别人对于事情的见解而一味地附和,这也是懒惰的一种表现。

31. 大夫的难题

医生对一位上年纪的病人说:"请原谅,夫人。我实在无法使您变得年轻。"

"这我并不需要,我只希望能使我不再衰老就行。"

> **知识链接**
> 试图改变将来必然的趋势，同要取消过去的印记一样是人的非分之想。

32. 探视

两个砍柴人敲林中小屋的门。
"您好！"
"您好！"屋主人回答道。
"我们刚才在林中发现了一具尸体，我们担心会是您呢！"
"什么样呢？"
"跟您的身材差不多。"
"是穿红色法兰绒衬衫吗？"
"不是，是深棕色的。"
"那么说，谢天谢地，那不是我。"

> **知识链接**
> 有时人好像习惯了让外在的东西把自我淹没，以至于有些时候他们还要靠这样或那样的标签才能辨认出自己。

33. 羊和鸽子

法官转向被告问道:"你的妻子肯定地说,你对她很残酷,她没法跟你生活下去。你有什么要替自己辩解的吗?"

"这是个借口,她把一只山羊带进我们的卧室,并且硬要让这只山羊住在那儿。可以想象,卧室里的气味多么大。这,我无法忍受。""难道您就不能开开窗子吗?"法官问。

"那怎么行?这样,我的所有鸽子都会从卧室飞跑的呀!"

知识链接

很多时候,我们最先考虑的总是自己。一味地埋怨他人的缺点,却对自己的错误视而不见。

34. 听大夫的

一路人被载重汽车撞倒,他被抬进了医院。医生只粗略地看了一下,便说人已死了。听到这句话，躺在担架上的路人欠了欠身子，大声说：

"我怎么是死了？我还活着。"

"别出声，"路人的妻子说，"躺好，不要动，一切都听从大夫的，大夫的经验最丰富。"

知识链接

面对权威，人很容易放弃自己的判断，哪怕眼前还有铁一样的事实在向他证明权威的错误。

35. 正路

父子俩上街赶集，路过一个拐弯处，儿子嫌拐弯太远，就从田野里抄近路走过去，父亲呵斥他的儿子不走正路走邪路。不久，父子俩又从这里路过，发现抄近路的地方已踩出一条新路，原来的弯路已很少有人走了，父亲不知不觉地也跟着儿子走上了这条近路。

忽然，儿子发现原来的拐弯路上走着的行人不小心摔倒了，要过去搀扶。父亲瞪了他一眼训斥道："不好好走正路，管那走邪路的干啥！"

使人开心的幽默故事

知识链接

即使知道是谬误，但随声附和的多了，谬误反倒成了真理。人往往用大众的心理来获得群体的认同，也正因此失去了自己的立场和原则。

36. 取名

有一个妇人，快要生产时疼得特别厉害，就对丈夫发誓说："从今以后，我再也不干养儿育女的事了。"

丈夫说："那我就听你的。"

等到生下一个女儿后，夫妻俩商议给孩子取名字。妻子说："就给她取名叫'招弟'吧。"

知识链接

人因为痛苦而想放弃一些想法，但往往是疼痛过后，马上又热情地投身到自己发誓弃绝的事情中去。

37. 小足球迷

8岁的小亮亮自豪地坐在观众席上，紧张地等待足球比赛开始。有一位先生弯下腰来问他："小朋友，你的票哪儿来的？"

"从父亲那里得到的。"

"你父亲呢？"

"他大概还在家里找他的票哩！"

知识链接

自私地获取利益满足自己的欲望或许很舒心畅快。但是，你有没有想过，那个被你伤害的人，那件被你搞坏的事，都淹没在你自私的影子里——人性最黑暗的深渊！

38. 老天爷

一天深夜，有个小偷闯入了一所大房子。他事前已经确信主人不在家。正当他走过客厅的时候，突然听到有人说："老天爷在看着你。"

小偷脊背一阵发凉，动也不敢动。过了好一会儿，再也没有别的声音。于是他继续往前走了两步，却又听到有人说："老天爷在看着你。"

一只鹦鹉在笼子里对他说话。

"原来是你！"小偷松了一口气，"刚才就是你在对我说话吗？"

"没错。"鹦鹉回答。

"你叫什么名字?"小偷问道。

"克拉伦斯。"鹦鹉说。

小偷忍不住笑了起来:"哪个傻瓜会给自己的鹦鹉取名叫'克拉伦斯'?"

鹦鹉冷笑道:"就是同一个傻瓜给他那只看家的大狼狗取名叫'老天爷'。"

知识链接

我们对他人的嘲笑往往是建立在我们自以为获胜的基础之上的,可是这种于嘲笑中的自我放松却更容易让我们失败,并成为他人的笑谈。

39. 剪报做啥用

妻子见丈夫在剪报纸,好奇地发问。

丈夫答道:"我剪的是一篇有趣的报道,说的是一个男人因妻子老搜他的口袋而最终离婚。"妻子又问道:"你剪它干什么?"丈夫答道:"放在我的口袋里。"

知识链接

当我们知道了他人惧怕的事情,并因此而采取了一定的对策保全自己的时候,总是忽略了其实这种保全本身就代表着我们所惧怕的事由早已被他人发现。

40. 高招

某地的洗车业竞争得很厉害。有个洗车铺贴出了一张告示说,他们为红色车辆提供优惠服务。一个星期后,又变成了蓝色车。再后来,各种颜色的汽车都轮了一遍。

不久以后,当人们开车又路过此地时,看到排着长队的小汽车,却没有优惠服务的告示。新的广告牌上是这么写的:"您的妻子打电话来,叫您不要忘记洗汽车。"

知识链接

当人们的一种消费只是单纯地为了他们自己的时候,总是可以将其省略掉。而当这种消费是为了获得别人的肯定时,往往总是会不惜重金选择最好的。

41. 担心

妻子对丈夫说:"你每次出门,我都会非常担心。"
"亲爱的,别担心,"丈夫安慰她道,"我会随时回来的。"
"这正是我所担心的。"

> **知识链接**
>
> 　　担心这个词其实是个情感色彩很暧昧的词，因为当你对一个人说担心的时候，他一定会认为你是在为他考虑。而事实上，你所有的担心都是由于你自己无法承受你所不希望发生的事情发生的结果而已。

42. 转向

　　一医生正在检查病人，突然护士急急忙忙地跑了进来："医生，那个你刚看过的病人出医院门的时候又倒下了。我该怎么办呢？"

　　医生镇定自若地说："把他转个向，就好像他刚从门外进来一样。"

> **知识链接**
>
> 　　当我们意识到自己的作为不再具有价值的时候，我们立刻能想到的解决方式总是推卸责任，制造与己无关的假象。因为当我们意识到无法取悦一个人的时候，我们就会想尽办法获得大众的同情与承认。

43. 救火

　　一天，数学家觉得自己已厌恶了数学，于是他跑到消防队去应聘当消防员。

　　消防队长说："您看上去不错，可是我得先给您做个测试。"消防队长带数学家到消防队后院小巷,巷子里有一个货栈、一只消防栓和一卷软管。

消防队长问:"假设货栈起火,您怎么办?"

数学家回答:"我把消防栓接到软管上,打开水龙头,把火浇灭。"

消防队长说:"完全正确!再问一个问题:假设您走进小巷,而货栈没有起火,您怎么办?"

数学家疑惑地思索了半天,终于答道:"我就把货栈点着。"

消防队长大叫起来:"什么?太可怕了!您为什么要把货栈点着?"

数学家回答:"这样我就把问题化解为一个我已经解决过的问题了。"

知识链接

求知是人的本性,只有不断探索,才能丰富人生的阅历;因循守旧,故步自封,根本无法应对层出不穷的新问题。

44. 弹不了的曲子

奥地利作曲家莫扎特是海顿的学生。有一次他和老师打赌,说他能写一首曲子,老师准弹不了。

海顿自然不相信。莫扎特用了不到五分钟,就匆匆地把乐谱稿子写完,送到海顿的面前。

"这是什么呀?"海顿弹奏了一会儿后惊呼起来,"我的两只手分别弹向钢琴的两端时，怎么会有一个音符突然出现在两个键盘的缝隙当中呢？这是任何人也弹不了的曲子。"

莫扎特微笑着在钢琴前坐下，当弹到那个音符的时候，他弯下身来，用鼻子弹出了那个音符。

知识链接

人都是靠经验做事情的，难免会墨守成规。有些事情不是不可能，是你没有打破习惯思维和"游戏规则"，限制了自己的想象力和创造力。

45. 我有急事

一位学者骑马来到一个渡口，上船以后依然骑在马上。大家问他何以如此，学者答道："我有急事，这样不是走得更快些吗？"

知识链接

人之所以墨守成规，是因为他们未懂得分辨不同情景下起作用的是什么因素。

46. 不得了

"我妻子读完《快乐的兄弟俩》这本书以后，生了一对双胞胎。"哈罗德对他的两个同事说。

"那不算什么。"一个同事接着说,"我的妻子读了大仲马的《三个火枪手》,生下来的是三胞胎。"

另一位同事听了这一番话,不禁脸色发白,他心急如火地喊了起来:"我的天啊!不得了,我妻子正在读《阿里巴巴和四十大盗》,我必须立即回家。"

> **知识链接**
>
> 不是所有的事情都会套用一个公式进行,太教条的时候,往往是忽略常识最严重的时候。

47. 发明

意大利人对犹太人说:"我们在古罗马的地下发现了电缆,说明我们的祖先发明了电话通讯。"

犹太人问:"那你知道在耶路撒冷发现了什么吗?"

意大利人问:"什么?"犹太人答:"什么也没发现。"

意大利人疑惑不解:"啊!?"犹太人说:"那说明我们的祖先已经发明了无线电。"

> **知识链接**
>
> 反败为胜有时候源于另类的思维。

48. 新泽西的猎人

两个来自新泽西的猎人在森林中打猎。一个人突然倒在了地上,翻起白眼儿,停止了呼吸。同伴看到这种情况,拿起手机,给急救中心打电话。他惊慌地对值班员叫道:"我的朋友死了!我怎么办?"值班员温和地说:"不要紧张,别着急,我来帮助您。可是您得让我们相信,他确确实实死了。"一片寂静……接着传来一声枪响。猎人又拿起电话,说:"好了,接下来怎么办?"

知识链接

一成不变地死搬硬套,不假思索只会导致恶性的结果。不同的事物有不同的规律,妄想一劳永逸地解决问题是绝对不可行的。

49. 铅笔和圆珠笔

加拿大航天部门开始首次将宇航员送上太空,但他们很快得到报告,宇航员在失重状态下用圆珠笔根本写不出字来。

于是，用了10年时间，花了120亿美元，科学家们终于发明了一种圆珠笔。这种笔在失重状态、身体倒立、水中、任何平面物体、摄氏零下300度都能正常写字。而俄罗斯人在太空一直用铅笔。

知识链接

做事情脑子有时需要转个弯，不能一根竿子捅到底，切忌陷入死胡同。有时可以用简单快捷的方法去解决的问题，为什么非得弄得那么复杂呢？峰回路转后，柳暗花明又一村。

50. 卖东西

一位顾客到商店去买雨伞，店员说："对不起，没有。"

顾客失望地离去后，老板对店员说："不能对顾客说没有，你应该向顾客推荐其他同类商品。例如，你可以这样说：对不起，没有雨伞，但我们这里有雨衣。"

过了一会儿，又来了一位顾客，问："您这里有卫生纸吗？"

这个店员回答道："对不起，没有卫生纸，但我们这里有砂纸。"

知识链接

思维僵化固然可悲，但僵化地去"举一反三"就让人觉得可笑了。

使人开心的 **幽默故事**

51. 随机应变

一次一家旅馆招待者,前来应聘的人很多。老板想考考他们:"有一天当你走进客人的房间时,发现一女客正在裸浴,你应该怎么办。"

众人都抢着回答,有的说:"对不起,小姐,我不是故意的。"

有的说:"小姐,我什么都没有看见。"

老板听后不停地摇头。

这时一个小伙子走上前说:"对不起,先生!"

结果他被录用了。

知识链接

我们经常无法把工作做得更好是因为我们总不能跳出惯有的思维。好的东西总是源于对习惯的打破,这也是为什么苹果电脑总让我们期待的原因。

52. 愚人买鞋

有个不爱动脑筋的蠢家伙,要到市场上去买一双新鞋子。他伸出脚来,用稻草秆量了尺码，急匆匆向城里走去。

到了鞋店，店伙计拿出鞋来让他挑选。他摸了摸衣袋，不见那稻草秆，就对店伙计说："对不起，我忘了带尺码，不知道该买多大的鞋，让我回家取尺码再来买吧！"说罢，拔脚就往家跑。

从家中取回尺码，不知又跑了多少路。等他气喘吁吁、满头大汗地赶到鞋店时，天色已晚，鞋店早已关门了。他跑来跑去，白白地忙了大半天，还是没有买到新鞋子。

有人问他："你是替别人买鞋，还是给自己买鞋？"

愚人回答："我自己穿的呀！"

别人又问他："你腿上长着脚，怎么不用脚试鞋，何必为一个稻草尺码跑来跑去呢？"

知识链接

不要盲目地迷信和崇拜权威。要知道，权威也是来自生活、来自实践，如果你有了更行之有效的办法，为什么还担心它与权威冲突呢？

53. 证据不足

蚊帐里有两只蚊子，一只喝饱了肚子，另一只肚子空空。妻子让当检察官的

使人开心的幽默故事

丈夫打蚊子。丈夫出手不凡,一掌拍死了那只喝饱了血的胖蚊子,而对另一只却迟迟不下手。妻子问他为何不打,丈夫说:"证据不足。"

知识链接

有时候做事不要局限于一些条条框框,要有该出手时就出手的魄力。